ध्यान
कैसे और क्यों करें?

ध्यान की दौलत लेकर हर इनसान पृथ्वी पर आता है और बड़ा होकर उसे खो देता है। हकीकत में ध्यान है आपका होना, जिंदा होने का एहसास, स्वअनुभव या मौन, जो सतत आपके भीतर चल रहा है। इसी मौन को पाने के लिए आप पृथ्वी पर आए हैं। इस पुस्तक में दी गई अलग-अलग ध्यान-पद्धतियों का लाभ उठाकर मौन की मंज़िल प्राप्त करें।

आइए, ध्यान के इस अनोखे विश्व में प्रवेश करें···

ध्यान
कैसे और क्यों करें?

ध्यान के आयाम और **ध्यान दीक्षा** प्राप्त करें

सरश्री

प्रभात प्रकाशन, दिल्ली
ISO 9001:2008 प्रकाशक

प्रकाशक • **प्रभात प्रकाशन**
4/19 आसफ अली रोड,
नई दिल्ली–110002

संस्करण • 2017
मूल्य • चार सौ रुपए
मुद्रक • आर–टेक ऑफसेट प्रिंटर्स, दिल्ली

DHYAN : Kaise Aur Kyon Karen? *by* **Sirshree Tejparkhi** ₹ 400.00
Published by Prabhat Prakashan, 4/19 Asaf Ali Road, New Delhi-2
e-mail: prabhatbooks@gmail.com ISBN 978-93-5266-280-7

यह पुस्तक समर्पित है
विश्व के सारे खिलाड़ियों को
ताकि वे अपने खेल को ध्यान बनाकर
ध्यान को खेल की तरह रोचक बना सकें।

अनुक्रम

प्रस्तावना

उच्चतम शिक्षा-ध्यान दीक्षा

सबसे पहले, सभी अपनी-अपनी आँखें खोलें, क्योंकि दूसरों की आँखें खोलने के चक्कर में लोग अंधे बन जाते हैं। अंदर की आँखें खुलने यानी ज्ञान के अंधे की दृष्टि लौटने के लिए ध्यान की दीक्षा जरूरी है। आगे चलकर जब आप खुली आँखों से भी ध्यान कर पाएँगे, तब 'ध्यान दीक्षा सफल हुई' ऐसा कह सकते हैं।

ध्यान की दीक्षा पाकर सत्य के खोजी की यात्रा साक्षी से स्वसाक्षी की ओर शुरू हो जाती है। जब जाननेवाला जाना जाता है, तब साक्षी स्व का साक्षी (स्वाक्षी) बन जाता है। ध्यान में यह घटना सहज ही घटती है। लेकिन कुछ लोग ध्यान करने को समय की बरबादी कहते हैं। ध्यान को ध्यान न देनेवाले ऐसे लोग जब 7 से 10 घंटे सोते हैं, तब वे समय का हिसाब लगाना भूल जाते हैं। ध्यान समय की बरबादी नहीं, बल्कि एक आवश्यक पूँजी है, जिसके बिना हम अपनी पूरी योग्यता से कार्य नहीं कर सकते। इस पुस्तक द्वारा ध्यान में दीक्षित होकर अपनी काबिलीयत को बढ़ाया जा सकता है और खुद को जानकर जीवन को सही मायने में सफल बनाया जा सकता है।

लोगों के जीवन में जब तक मनमुताबिक घटनाएँ होती रहती हैं, तब

तक उन्हें ध्यान की आवश्यकता महसूस नहीं होती। जब जीवन में मन के विरुद्ध घटनाएँ होने लगती हैं, तब वे शांति प्राप्त करने के लिए बेचैन हो उठते हैं। ऐसे समय पर ध्यान दीक्षा लेने से वे जीवन में न केवल शांति प्राप्त कर सकते हैं, बल्कि मोक्ष की महायात्रा भी कर सकते हैं।

यह पुस्तक ध्यान मार्ग-मौन साधना पर कार्य करने के लिए एक प्रैक्टिकल वर्कबुक है। जैसे तैरने की कला, तैराकी की पुस्तक पढ़कर नहीं सीखी जा सकती, वैसे ही ध्यान करने की कला केवल ध्यान से संबंधित पुस्तकें पढ़कर नहीं सीखी जा सकती। ध्यान मार्ग में निरंतर अभ्यास की आवश्यकता होती है, जिसके लिए यह पुस्तक आपकी सहायता करेगी।

खिलाड़ियों को समर्पित यह पुस्तक सिखाती है कि हर इनसान, जीवन के मैदान पर, किस तरह ध्यान का अभ्यास कर सकता है। 'मैं का दान' करके ही मैदान जीता जाता है। पुस्तक में दी गई ध्यान विधियाँ 'मैं' का यानी अहंकार का विसर्जन करने की तरफ ही इशारा करती हैं। अहंकार का विसर्जन होने के बाद ही स्वअनुभव प्रकट होता है। रावण (अहंकार) के अंत के बाद राम (अनुभव) प्रकट होते हैं।

सच्चा आराम भीतर का राम है, आपके अंदर प्रकट होनेवाला स्वअनुभव है। जब हम अहंकार से मुक्त होकर स्वअनुभव में स्थापित होते हैं, तब उसे आरामा अवतार कह सकते हैं। आप भी इस पुस्तक द्वारा आरामा ध्यान* में दीक्षित होकर आरामा अवतार लें।

इस पुस्तक में 'ध्यान' शब्द का इस्तेमाल ध्यान के विविध प्रयोगों के लिए किया गया है, जैसे ध्वनि-निरीक्षण ध्यान, आत्मसंयम ध्यान आदि। चेतना के उच्चतम स्तर पर ध्यान (सिमरन ध्यान, संपूर्ण ध्यान, सुरक्षित ध्यान, दिशा ध्यान, मैत्री ध्यान इत्यादि) के लिए 'स्वध्यान' शब्द का इस्तेमाल किया गया है।

अपनी आध्यात्मिक उन्नति करने के लिए ध्यान करें, आध्यात्मिकता का दिखावा करने के लिए नहीं। ध्यान अहंकार विलीन करने के लिए है, उसे

---

* आरामा ध्यान को करने की विस्तृत विधि पेज नं 111 पर दी गई है।

बढ़ाने के लिए नहीं। ध्यान, ध्यानी का अंत है जन्मदाता नहीं। ध्यान के अंत में ध्यानी और ध्यान का दृश्य विलीन हो जाता है और बचता है केवल दर्शन।

स्व का दर्शन करने, ध्यान में दीक्षित होने की इच्छा जगाने और ध्यान को अपने जीवन का हिस्सा बनाने के लिए अपनी बाहरी आँखें कुछ समय बंद रखने की तैयारी रखें, ताकि पढ़ते-पढ़ते ध्यान लग जाए- कम-से-कम आपका।

—सरश्री

इस पुस्तक का लाभ कैसे लें

1. पुस्तक को पहली बार पूरी तरह पढ़ें, जिसमें ध्यान की शुरुआत करनेवाले खोजी से लेकर ध्यान का गहराई से अभ्यास करनेवाले साधक तक सभी के लिए ध्यान विधियों का समावेश किया गया है। अपनी अवस्था अनुसार ध्यान विधि का चयन करने के लिए पहले सभी विधियों को ध्यान से समझ लें, फिर उनका निरंतरता से प्रयोग करें।
2. साधारणत: आँखें मूँदकर ध्यान का अभ्यास किया जाता है। इस पुस्तक में दी गई ध्यान-विधियों का अभ्यास करने के लिए पहले ध्यान-विधि को अच्छी तरह से 2-3 बार पढ़ लें। दी गई सूचनाओं का पालन करते हुए फिर आँखें मूँदकर ध्यान-विधि का अभ्यास करें।
3. पुस्तक में दिया गया लिखित अभ्यास आप पुस्तक पर या अलग शीट पर भी लिखकर कर सकते हैं। लिखित अभ्यास द्वारा आप ध्यान के विषय में अपना ज्ञान परख सकते हैं। हर मनन वाक्य पढ़कर दो मिनट रुकें और बताई गई गहरी बातों पर मनन करें।
4. पुस्तक में बताया गया है कि किस तरह ग्रहणशील होकर, निरंतरता से ध्यान किया जा सकता है तथा ध्यान में क्या किया जाए, ताकि ध्यान व्यवधान न बने और 'आप स्वयं ध्यान हैं' यह महत्त्वपूर्ण समझ आप प्राप्त कर पाएँ।

5. पुस्तक में एकाग्रता बढ़ाने के लिए कई तरह के ध्यान प्रयोग दिए गए हैं। विद्यार्थियों को इसका विशेष लाभ मिल सकता है। हालाँकि यह ध्यान से मिलनेवाला उच्चतम लाभ नहीं है, मगर इससे ध्यान की शुरुआत तो हो ही सकती है।
6. पुस्तक के दूसरे खंड में साधकों के लिए सोमवार से लेकर रविवार तक भिन्न-भिन्न ध्यान विधियाँ दी गई हैं। निर्धारित दिन पर निर्धारित विधि का अनुसरण करते हुए रोज एक ध्यान विधि का अभ्यास करें। इस खंड में दिए गए ध्यान अपनी आवाज में रिकॉर्ड करके, उन्हें सुनते हुए भी ध्यान किया जा सकता है।
7. इस पुस्तक में 41 'ध्यान प्रयोग' और 11 'मनन ज्ञान-ध्यान' दिए गए हैं। कुल मिलाकर चेतना का स्तर बढ़ाने के लिए ध्यान के बावन साधन प्रकाश में लाए गए हैं। अति व्यस्त लोग भी जो हर दिन ध्यान नहीं कर सकते, इसका लाभ ले सकते हैं। वे साल के 52 हफ्तों में से प्रत्येक हफ्ते में जब भी संभव हो, एक साधन का अभ्यास कर ध्यान-दीक्षा प्राप्त कर सकते हैं। इस तरह ध्यान का स्वाद मिलने के बाद वे हर दिन ध्यान करने का समय निकाल पाएँगे।

खंड

1

ध्यानायाम

ध्यान के आयाम

1 दो मिनट मनन करें / ज्ञान मनन-ध्यान

1. क्या आप भूल गए हैं कि 'आप शरीर नहीं हैं ?'

2. 'अज्ञान है रोग तो समझ है दवा,

बेहोशी है समस्या तो होश है उसका समाधान।'

3. मुझे 'मौन' पसंद है, क्योंकि...

क्योंकि 'मौन' से ही अंतिम लक्ष्य की यात्रा शुरू होती है।

क्योंकि 'मौन' के गर्भ से सत्‌चित्‌ आनंद का जन्म होता है।

क्योंकि 'मौन' में हर सवाल का जवाब है, हर समस्या का समाधान है।

4. मुझे मौन पसंद है, क्योंकि (लिखें) ....

....

....

....

भाग

1

ध्यान क्या है

1 ध्यान क्या है, इसकी समझ ✓

2 ध्यान से पहले की तैयारियों की समझ

3 ध्यान में आनेवाली रुकावटों की समझ

4 ध्यान से प्राप्त लाभों की समझ

5 ध्यान की अवस्थाओं की समझ

अपनी आँखें सदा खुली रखने के लिए कुछ देर आँखें बंद रखने की कला सीखें। हर रात लोग अपनी आँखें बंद करते हैं, लेकिन यह कला नहीं है। आँखें बंद करने की कला को ध्यान कहते हैं।

'ध्यान' यह शब्द अध्यात्म से आया है। भारत में आध्यात्मिक खोज करनेवालों ने ध्यान की गहराइयों को जाना, परंतु आज इस शब्द का इस्तेमाल बहुत ही औसत दरजे का हो गया है। जैसे—'इधर ध्यान दें··· बच्चों की ओर ध्यान दें··· ध्यान से सुनें··· ध्यान लगाकर पढ़ें···' आदि। इस तरह साधारण बोलचाल में इस्तेमाल करने की वजह से इसका मूल्य खो गया है। इस कारण 'ध्यान (अटेंशन) देने को ही' ध्यान मान लिया गया है।

हिंदी भाषा में 'ध्यान' और 'अवधान' (अटेंशन) ये दोनों शब्द पर्यायवाची बन गए हैं। ध्यान शब्द का गहरा अर्थ समझे बिना उसे 'अवधान' समझा जाता है। हालाँकि दोनों में बुनियादी फर्क है। अंग्रेजी में ध्यान (Meditate) शब्द का उपयोग 'मनन' के अर्थ से भी किया जाता है। विविध प्रकार से इस्तेमाल होने के कारण इसका गहरा अर्थ खो गया है, इसलिए ध्यान का सही अर्थ समझें। ध्यान का सही अर्थ समझने के लिए सबसे पहले ध्यान से संबंधित अपनी सभी मान्यताएँ तोड़ें।

लिखित स्वाध्याय : ध्यान की समझ

ध्यान के बारे में आप जो समझते हैं, उसे नीचे दिए रिक्त स्थान में विस्तार से लिखें। 'ध्यान क्या होता है' यह स्वयं की भाषा में लिखें। ध्यान कैसे करें, इसे उदाहरण के साथ लिखें।

....

....

....

....

....

....

....

....

....

....

....

....

....

....

....

....

ध्यान क्या है?

- ❖ ध्यान, 'ध्यान देना' नहीं है।
- ❖ ध्यान, अवधान नहीं है।
- ❖ ध्यान, शिथिलीकरण नहीं है।
- ❖ ध्यान, शरीर और ऊर्जा का एकरूप होना नहीं है।
- ❖ ध्यान, एकाग्रता नहीं है।
- ❖ ध्यान, मनन नहीं है।

ध्यान, कोई उद्‌देश्य, नियंत्रण या इच्छाशक्ति बढ़ाने का प्रयोग नहीं है।

ध्यान उस साक्षी का गुण है, जिसे लोग गॉड, अल्लाह, सेल्फ, स्व-साक्षी आदि नामों से जानते हैं। ध्यान वह स्रोत है, जो गहरी नींद में भी जाग्रत् रहता है, जो बेहोशी में भी होश में रहता है। सच्चे ध्यान को 'स्वध्यान' कहना ज्यादा उचित है।

कई बार एकाग्रता विकसित करने की विधियों को भी ध्यान का नाम दे दिया जाता है। ये तथाकथित ध्यान स्वध्यान के सिर्फ मार्ग हैं। ध्यान का

उद्देश्य महज एकाग्रता बढ़ाना नहीं है। एकाग्रता तो ध्यान मार्ग की सीढ़ी है। कोई एकाग्रता बढ़ाने के लिए ध्यान करे तो इसका मतलब है कि वह ध्यान का बहुत कम फायदा उठा रहा है। वह ध्यान के लाभ को ही अपना लक्ष्य समझ रहा है। 'स्वध्यान' का अर्थ है 'स्व' का ध्यान, जो ध्यान का मूल उद्देश्य है। कई बार ऐसा भी होता है कि इनसान आत्मसाक्षात्कार या मोक्ष-प्राप्ति के लिए ध्यान-मार्ग पर चलता है, मगर आगे चलकर उसके ध्यान प्रयोग एकाग्रता बढ़ाने या सिद्धियाँ प्राप्त करने तक ही सीमित रह जाते हैं। यही बात एकाग्रता के साथ-साथ शिथिलीकरण, मनन और बाकी बातों के लिए भी लागू होती है।

इच्छा शक्ति बढ़ाने के उपाय, मन को केंद्रित करने के उपाय या मन को स्थिर करने के उपायों को आम तौर पर ध्यान समझा जाता है। यह धारणा गलत है। कई लोग साँस को काबू में करने की कसरत ध्यान के रूप में करते हैं। लेकिन यह सिर्फ एकाग्रता तक ही सीमित होता है। वास्तव में चेतना के उच्चतम स्तर पर ध्यान, स्वध्यान में रूपांतरित होता है। स्वध्यान तभी संभव होता है, जब इनसान का मन नमन हो जाता है। जब मन नमन होकर खामोश हो जाता है, तब स्वसाक्षी प्रकट होता है। (स्वसाक्षी, सेल्फ आदि के बारे में आप शुरुआत में पढ़ चुके हैं।) जब मन खामोश हो जाता है और स्वसाक्षी अपने होने में स्थिर होने लगता है तब उसे सच्चा ध्यान कहा जा सकता है। मन के गिरने (विलीन होने) के बाद, स्वसाक्षी अपने सच्चे स्वरूप में वापस आता है। अत: यह समझें कि आपको ध्यान नहीं करना है, सिर्फ यह समझना है कि आप स्वयं ध्यान हैं।

साँस पर नियंत्रण, मंत्र का जाप आदि प्रयोग, सच्चे ध्यान के लिए मददगार साबित हो सकते हैं, मगर ये प्रयोग सच्चा ध्यान नहीं हैं, यह बात आपको स्पष्ट होना चाहिए।

ध्यान में नमन होनेवाले मन की अनेक अवस्थाएँ और स्तर होते हैं। मन की जाग्रत् अवस्था या शिथिल अवस्था को ध्यान कहना गलत है। मन की विभिन्न स्थितियों को आगे आकृति में दरशाया गया है।

मन के स्तर

1 अवधान
मन को स्थिर तथा तनावमुक्त करने के उपाय

2 मनन
मनन के लिए तकनीक

3 मन को एकाग्रचित करने के उपाय

4 संकल्पशक्ति बढ़ाने के लिए अभ्यास

5 उच्चतम चैतन्य
स्वध्यान

2

दो मिनट मनन करें / ज्ञान मनन - ध्यान

1. क्या आप भूल गए हैं कि 'आप पृथ्वी पर महान् के मेहमान हैं, पृथ्वी पर आपका जीवन कुछ वक्त का है?'

2. 'विश्व का हर कार्य, मन की सहायता के बिना असंभव होता है। सिर्फ ध्यान ऐसा कार्य है, जो तब होता है, जब मन नहीं होता है, जब मन नमन होता है।'

3. मुझे 'मौन' पसंद है, क्योंकि ...

क्योंकि 'मौन' में मन की चाहत, नफरत, अज्ञान और मन की हर वह अवस्था दिखाई देती है, जो माया में छिप जाती है।

क्योंकि 'मौन' से ही मन अकंप बनता है।

क्योंकि 'मौन' में मन की इच्छाएँ विलीन होती हैं या इच्छाओं से लगाव नष्ट होता है।

4. मुझे मौन पसंद है, क्योंकि (लिखें) ....
....
....
....
....
....

स्तर

1

अवधान

1 **अवधान**
मन को स्थिर तथा तनावमुक्त करने के उपाय ✓

2 मनन
मनन के लिए तकनीक

3 एकाग्रता
मन को एकाग्रित करने के उपाय

4 संकल्प शक्ति
संकल्पशक्ति बढ़ाने के लिए अभ्यास

5 उच्चतम चैतन्य
स्वध्यान

एक ऐसा गाँव है, जहाँ खतरे इनसान का इंतजार करते हैं। मौका पाते ही वे इनसान को धर दबोचते हैं। यदि कोई व्यक्ति उस गाँव में आ जाए तो किसी भी दिशा से उस पर हमला होने के पूरे-पूरे आसार रहते हैं। कब कोई तीर आकर भेद दे, कोई भाला आकर टकरा जाए या कोई आँखों में धूल झोंक दे, कुछ कहा नहीं जा सकता। चूँकि इनसान को पता नहीं चलता कि हमला कहाँ से और कैसे होगा, इसलिए वह स्वयं का बचाव भी नहीं कर पाता।

यदि आपको ऐसे गाँव में किसी जरूरी कार्य से भेजे जाने की संभावना हो तो आप वहाँ कैसे जाएँगे? उस गाँव में रहने के दौरान आप अतिरिक्त सावधानी बरतेंगे और आपका पूरा अवधान आस-पास के परिसर पर होगा।

इस कहानी में गाँव संसार का तो हमला माया के बहकावे का प्रतीक है।

अपने अवधान का संवर्धन करें

संसार में कब किस कोने से, कौन सा आकर्षण/विकर्षण आपसे टकराएगा, यह आपको पता नहीं होता है। ऐसा इसलिए है, क्योंकि आपको संसार और उसकी माया के बारे में नाममात्र की जानकारी है। आपने स्वयं के ध्यान की सजगता बढ़ाने के प्रति ज्यादा ध्यान नहीं दिया है। संसार में जीते हुए आपकी तरफ कोई तीर आएगा तो आपका ध्यान तुरंत वहाँ कैसे जाए? तीर आपको भेद दे, इससे पहले आपको क्या करना है? इन सवालों पर आपने कभी गौर नहीं किया। शुरुआत में आपको इस बात पर ध्यान देना चाहिए कि तीर चलाते वक्त किस तरह की विशेष आवाज होती है। ध्यान नहीं होगा तो आप उस आवाज पर गौर नहीं कर पाएँगे। अगर वह आवाज नहीं पकड़ी तो तीर आपको भेद देगा। उस वक्त आपको महसूस होगा, 'अगर मैं ज्यादा सजग होता तो अच्छा होता।'

इस उदाहरण में बताए गए तीर आलोचना, सराहना, दुःख-सुख, निंदा और तारीफ के प्रतीक हैं। सामनेवाले ने आपको गाली दी तो आप उसे पलटकर दो गालियाँ देते हैं। बाद में आपको याद आता है कि 'मुझे सजग रहना चाहिए था। आलोचना का तीर मुझे चुभ गया और मैं जख्मी हो गया।'

ध्यान का प्रशिक्षण प्राप्त करने के बाद आप हर तीर के साथ सजग रह

पाएँगे। इस पुस्तक का यही उद्‌देश्य है कि आप स्वयं के ध्यान को प्रशिक्षण दे पाएँ।

ध्यान प्रयोग

3

गरुड़ ध्यान

गरुड़ एक ऐसा पक्षी है, जिसकी नजर बहुत पैनी होती है। वह बहुत ऊँचाई से भी देख सकता है। यह ध्यान दृष्टि से संबंधित है और आपको खुली आँखों से करना है, इसलिए इसे गरुड़ ध्यान कहा गया है।

1. आँखें खुली रखकर खुद से सवाल करें कि आपके चारों ओर लाल रंग की कौन-कौन सी वस्तुएँ मौजूद हैं।
2. सुबह आँख खुलने के बाद वॉश बेसिन तक चलते-चलते आसपास की लाल रंग की वस्तुओं पर गौर करें। लाल रंग की कम-से-कम पाँच चीजें प्रयत्नपूर्वक चारों तरफ ढूँढ़ें।
3. तय करें कि आप हर दिन अलग-अलग रंग की वस्तुएँ देखेंगे। जैसे पहले दिन लाल, दूसरे दिन हरा, तीसरे दिन नीला और चौथे दिन नारंगी आदि।

इस प्रकार आप घर की वस्तुओं का निरीक्षण शुरू करें। अकसर हम अपने घर की वस्तुओं को गौर से नहीं देखते। इस अभ्यास से आपकी निरीक्षण-शक्ति बढ़ेगी। घर के कुछ हिस्से ऐसे होंगे, जहाँ आप नजर नहीं डाल पाते, मगर गरुड़ ध्यान की बदौलत आपको आश्चर्य होगा कि आप वे हिस्से भी देखने लगे हैं। कभी ऐसा रंग चुनें, जिस रंग की चीजें जल्दी नहीं मिलतीं। जैसे गुलाबी, जामुनी, केसरिया।

हो सकता है, आपके मन में यह सवाल आए कि बारह दिन के बाद क्या करें? क्योंकि रंग तो सिर्फ बारह ही होते हैं। लेकिन आप यह तो जानते ही होंगे कि रंगों की कई छटाएँ होती हैं, जिनका उपयोग आप इस प्रयोग में कर सकते हैं, जैसे—फीका नीला, गर्द नीला आदि।

4

‘मैं नहीं जानता’ ध्यान

1. ‘मैं नहीं जानता’ ध्यान में इनसान पर थोपे गए सभी सिक्के (यानी लेबल, नाम, उपनाम आदि) हटाने हैं।

2. कोई भी वस्तु या इनसान को देखते वक्त सोचें कि उसके बारे में आपको कोई जानकारी नहीं है। जैसे घर में लगी दीवार घड़ी देखकर स्वयं से कहें, ‘मैं नहीं जानता, यह क्या है।’ किसी भी वस्तु या इनसान को देखकर यही कहें। अगर सामने से आपकी माँ गुजर रही हो तो तुरंत न कहें, ‘यह मेरी माँ है।’

‘मैं नहीं जानता’ ध्यान करते वक्त स्वयं की माँ को देखते हुए कहें, ‘मैं नहीं जानता, यह कौन है। अब मैं इन्हें गौर से देखता हूँ।’ फिर उनका चेहरा गौर से देखें। आपको आश्चर्य होगा कि आपकी माँ में बहुत सारे परिवर्तन हुए हैं और आप अब तक उस परिवर्तन की ओर ध्यान ही नहीं दे पाए थे, क्योंकि आप देखना बंद कर चुके थे। आपने एक सिक्का लगाया है कि ‘माँ को गौर से देखने की जरूरत नहीं है। मैं जानता हूँ कि मेरी माँ कैसी है।’ इस सिक्के को हटाकर अब फिर से देखना शुरू करें।

ध्यान के दौरान अगर आप कुरसी की तरफ देखें तो तुरंत यह न कहें कि ‘यह कुरसी है।’ स्वयं से पूछें कि ‘यह क्या है?’ इस तरह देखने से आपकी हर वस्तु या इनसान

पर लेबल लगाने की आदत बदल जाएगी। आप लोगों व वस्तुओं को, वे जैसी हैं, वैसा देख पाएँगे और आपकी दृष्टि में परिवर्तन होगा। इस तंत्र को 'मैं नहीं जानता' ध्यान कहते हैं।

3. आप जिस कमरे में यह ध्यान कर रहे हैं, उसकी हर वस्तु को बिना लेबल लगाए देखेंगे तो वही कमरा आपके लिए सजीव हो उठेगा। आपको वहाँ की हर वस्तु ज्यादा रंगीन और ज्यादा जिंदा महसूस होगी। यह ध्यान आपकी बोरियत भी खत्म करेगा।

5

संगीत ध्यान

1. ध्यान की स्थिति में बैठें और आँखें बंद करें। तर्जनी और अँगूठे को जोड़कर ध्यान मुद्रा धारण करें या सुविधा के अनुसार स्वयं के लिए चुनी हुई मुद्रा धारण करें।
2. अब मन-ही-मन में बाँसुरी के सुर सुनें। (हकीकत में बाहर कहीं भी बाँसुरी नहीं बज रही है। जिस तरह आप चलचित्र या एलबम का गीत मन में सुनते हैं, उसी तरह बाँसुरी के सुर सुनें।)
3. अगर बीच में कहीं ढोलक की आवाज सुनाई दे तो उसे न सुनते हुए सिर्फ बाँसुरी के सुर पर ध्यान दें।
4. अब आँखें खोलें।

इस ध्यान में लोग शुरुआत में तो बाँसुरी की आवाज सुन पाते हैं, मगर बीच में ही वह आवाज गायब हो जाती है। तब वे फिर उसे सुनने की

कोशिश करते हैं। इसका कारण यह है कि हकीकत में कोई बाँसुरी नहीं बज रही होती। जिन लोगों ने बाँसुरी पहले बहुत बार सुनी होगी, उनके लिए यह आसान है, लेकिन जिन लोगों ने यह धुन बहुत कम बार सुनी हो, उनके लिए यह ध्यान कठिन हो जाता है।

संगीत ध्यान प्रयोग में हर बार ध्वनि बदलते रहें, जैसे किसी दिन ढोलक की आवाज सुनें तो कभी पियानो की। आप हर दिन अलग-अलग स्वर सुन सकते हैं। इस ध्यान से आपकी एकाग्रता शक्ति बढ़ेगी।

6 केंद्र संतुलन ध्यान

केंद्र संतुलन ध्यान का अर्थ है, अपने शरीर को पृथ्वी के गुरुत्वाकर्षण के अनुसार स्थिर करना। ध्यान की शुरुआत से पहले आपकी बैठक स्थिति (शरीर का आसन) उचित होना महत्त्वपूर्ण है, इसलिए कोई और ध्यान करने से पहले यह ध्यान जरूरी है। जब आप ध्यान करने बैठें तो पृथ्वी के गुरुत्वाकर्षण को ध्यान में रखें। अगर आपने इस नियम का पालन किया तो आप ध्यान-अवस्था में लंबे समय तक अविचल बैठ पाएँगे और ध्यान की गहराई तक पहुँच पाएँगे। अब सवाल यह उठता है कि जब आप ध्यान के लिए बैठेंगे तो यह कैसे जानेंगे कि आपका केंद्र पृथ्वी के गुरुत्वाकर्षण की रेखा में है या नहीं? यह जानने के लिए ही केंद्र संतुलन ध्यान आवश्यक है।

एक उदाहरण के जरिए अपने शरीर का केंद्रस्थान जानें—अगर आप मेज पर कोई बेलनाकार वस्तु खड़ी करते हैं तो वह मेज पर खड़ी हो पाती है, क्योंकि उस बेलन का केंद्र, पृथ्वी के गुरुत्वाकर्षण की रेखा में होता है। अगर आप किसी बेलनाकार वस्तु को टेढ़ा खड़ा करने की कोशिश करेंगे तो उस वस्तु का केंद्र पृथ्वी के गुरुत्वाकर्षण की रेखा में नहीं होगा और वह खड़ी नहीं हो पाएगी। ठीक इसी तरह जब आपका शरीर का केंद्र और पृथ्वी

का गुरुत्वाकर्षण एक रेखा में होगा, तब वह लंबे समय तक स्थिर रह पाएगा। अगर आप शरीर को अनुचित स्थिति में रखते हैं तो जल्द ही आपको दर्द महसूस होगा और आप देर तक नहीं बैठ पाएँगे।

'केंद्र संतुलन स्थिति' ध्यान के लिए निर्देश :

1. अपने स्थान पर खड़े रहें।
2. दोनों टाँगों के बीच अंदाजन 6 इंच तक अंतर रखें।
3. शरीर को थोड़ा आगे ढकेलें और स्वयं से पूछें, 'अगर मैंने अपने शरीर को ऐसी ही स्थिति में रखा तो क्या मैं थक जाऊँगा?' इसके बाद कुछ देर के लिए शरीर को पीछे झुकाएँ और यही सवाल पूछें।
4. अब शरीर को धीमी गति से आगे-पीछे करते हुए वह स्थिति ढूँढ़ निकालें, जहाँ आप सबसे ज्यादा सुविधाजनक महसूस करें। यही आपकी संतुलित स्थिति है।
5. आगे-पीछे झुकने के बाद आपको दाएँ-बाएँ झुकना है। ठीक घड़ी के पेंडुलम की तरह इस दिशा में भी केंद्र स्थिति पर आ जाएँ।
6. इस तरह अब चारों दिशाओं से आप संतुलन में आ गए हैं। उस स्थिति में स्थिर रहें और उसका आनंद लें।
7. ये सारे कदम ध्यान के आसन में बैठकर दोहराएँ और बैठक स्थिति में स्वयं के शरीर के केंद्र का अनुभव करें।

इस ध्यान प्रयोग का इस्तेमाल कैसे और कब करें–

1. हर ध्यान-पद्धति के आरंभ में केंद्र संतुलन ध्यान करना चाहिए, ताकि ध्यान सही ढंग से हो पाए।

2. अगर किसी स्थिति में आपको लगता है कि आपका स्वयं पर से नियंत्रण छूट रहा है, तब आप शारीरिक स्तर पर स्वयं को संतुलित रखकर बाकी सभी स्तरों पर संतुलित रह सकते हैं।

7

प्रार्थना ध्यान

ध्यान के आरंभ में प्रार्थना-अवस्था में होना बहुत ही जरूरी है। प्रार्थना इनसान को मिली ऐसी महान् शक्ति है, जो समस्या आने से पहले समस्या के हल के रूप में दी गई है। प्रार्थना जैसी महान् शक्ति का इस्तेमाल न कर केवल स्वयं के अहंकार में डूबना लोगों के लिए बड़ी मूर्खता साबित हो सकती है। प्रार्थना में असाधारण शक्ति होती है। यह चिंता की चिता को ठंडा और पत्थर को मोम बना सकती है, आँधी को रोक सकती है, डूबते हुए जहाज को किनारे लगा सकती है। ऐसा नहीं है कि प्रार्थना से सिर्फ आपकी मनोकामनाएँ ही पूरी होती हैं, इसके साथ-साथ मोक्ष की प्राप्ति भी हो सकती है। इसके लिए अपनी सभी समस्याएँ, चिंताएँ ईश्वर को सौंप दें। बाद में कल्पना करें कि ईश्वर ने उनका निराकरण कर दिया है। यह ध्यान-पद्धति आपकी प्रार्थना को दुनिया के कोने-कोने तक पहुँचाती है और खुद ही आपकी इच्छापूर्ति का रास्ता बन जाती है।

ध्यान विधि :

1. अपने चुनिंदा आसन और मुद्रा में ध्यान-अवस्था में बैठें।

2. मन-ही-मन प्रार्थना दोहराएँ, 'मैं जो ध्यान करने जा रहा हूँ, वह

सफल होने जा रहा है इसलिए धन्यवाद।'

3. इसके बाद आप जिस प्रार्थना में विश्वास रखते हैं, वह प्रार्थना मन-ही-मन दोहराएँ। अगर आप कोई नई प्रार्थना दोहराना चाहते हैं तो नीचे दी हुई प्रार्थना शांति से, प्यार से, गहरी सोच के साथ, पूर्ण श्रद्धा व लयबद्ध तरीके से दोहराएँ। इस प्रार्थना में आपकी चिंताएँ मिटाने की महान् शक्ति छिपी है।

मैं ईश्वर (मौन) की उपस्थिति में शांत हूँ।

मैं अखंड शांति का अनुभव कर रहा हूँ।

मैं ईश्वर द्वारा बनाया गया हूँ

इसलिए शांति, आनंद जो ईश्वर का स्वभाव है,

वह मेरे दिल और मन के बीच संचरित हो रहा है।

ईश्वर ने इस शांति को भंग करने के लिए कुछ नहीं बनाया है।

मेरी अशांति का जो भी कारण है,

वह उस महाशक्ति की सूची में नहीं है।

मैं स्वयं को उसकी गोद में अर्पण करता हूँ,

जैसे थका-हारा बच्चा अपनी माँ की गोद में आराम करता है।

मेरे चारों तरफ शांति की लहरें हिलोरे ले रही हैं

और चारों तरफ मुझे शांति का एहसास हो रहा है।

शांति··· शांति··· शांति···

4. इस ध्यान में प्रार्थना करते वक्त हमेशा सकारात्मक और भक्तियुक्त शब्दों का प्रयोग करें। प्रार्थना में शब्दों का बहुत महत्त्व है, क्योंकि कुछ शब्द आपको अंदर तक स्पर्श करते हैं, आपको जाग्रत् करते हैं, आपका समर्पण भाव बढ़ाते हैं और प्रेरित करते हैं। कुछ शब्द ऐसे होते हैं, जिन्हें सुनने से परमानंद की अनुभूति होती है, इसलिए प्रार्थना हमेशा श्रद्धा और प्रेम से करना चाहिए।

8 शिथिलीकरण ध्यान

1. बैठक स्थिति में या लेटे हुए दीर्घ गहरी साँस लें और धीमी गति से छोड़ें।
2. मन को शिथिल करने के लिए किसी लुभावने प्राकृतिक दृश्य की कल्पना करें।
3. स्वयं की आंतरिक नजर से उस दृश्य के हर कोने में जाएँ। दृश्य के सभी महत्त्वपूर्ण पहलुओं का निरीक्षण करें।
4. दृश्य को पूरी तरह से देखने के बाद स्वयं की शारीरिक स्थिति की जाँच करें। अगर दृश्य देखने के बाद भी शरीर के किसी हिस्से में तनाव है तो उस हिस्से को संकुचित करें और फिर शिथिल करें। इस प्रकार बाँहों, पैरों, कंधों, कमर, घुटनों और आँखों से तनाव खींच निकालें। यह शिथिलीकरण का प्रभावी तंत्र है।

9 ध्यान का ध्यान

1. 'यह घड़ी है, यह दीवार है, यह खिड़की है, यह परदा है, यह बटन है, यह पंखा है...।' सामान्यतः आप आस-पास की वस्तुओं को इसी तरह देखते हैं, मगर इस ध्यान में

वस्तुओं को ऐसे न देखें, जैसे पहले देखते आए हैं। इस ध्यान में आपका दृष्टि- परिवर्तन होगा।

2. अपने आस-पास की सभी वस्तुओं पर नजर डालें। एक वस्तु को पूरी तरह से देख लेने के बाद दूसरी वस्तु को देखें और बाद में तीसरी को। इस तरह सभी वस्तुओं को गौर से देखें।

3. इस दौरान यह ध्यान दें कि किन-किन वस्तुओं पर आपका ध्यान ज्यादा देर टिका रहता है, कहाँ से फिसल जाता है, कहाँ पर बिखर जाता है और कहाँ पर लड़खड़ाता है। स्वयं के ध्यान के बारे में ये बातें जानना ही ध्यान का ध्यान है।

4. खुली आँखों से ध्यान पूरा होने के बाद आँखें बंद कर लें और अपने आस-पास के परिवेश को महसूस करें। उसमें ठंडक है या गरमी··· क्या आपके पैरों में दर्द है··· क्या आपका शरीर थक गया है··· या आप उनींदे हो रहे हैं··· इन सब बातों को महसूस करें। महसूस करें कि आप शरीर के संग हैं, खुद शरीर नहीं। आप शरीर के संग हैं यानी शरीर आपका साथी है। शरीर में उभरती हुई हर संवेदना का निरीक्षण करें और कहें, 'यह संवेदना मेरे शरीर में है, मुझमें नहीं।'

5. आँखें बंद करके ध्यान करते वक्त भी निरीक्षण करें कि आपका ध्यान कहाँ अटकता है और कहाँ रुक नहीं पाता।

यह ध्यान करने के बाद आपको प्रसन्नता महसूस होगी। आपका ध्यान क्या है ? वह कहाँ से जल्दी निकल जाता है और कौन सी वस्तुओं से फिसलता है ? कौन से विचारों में थम जाता है ? कौन से विचारों का वह पीछा करता है ? कौन से विचारों को वह छूटने देता है ? इन सभी सवालों के जवाब इस

ध्यान से मिलते हैं। इस ध्यान की अहम् बात यह है कि इससे आप ध्यान का ध्यान करना सीखते हैं।

इस साधना से आपके विचारों को सही दिशा मिलती है। जो विचार आपके मन में बिना कारण चलते रहते हैं, उनका अंत होता है। इस ध्यान से आपकी सजगता बढ़ती है और आप स्वयं के ध्यान के बारे में सूक्ष्म बातें जान पाते हैं।

भाग

2

ध्यान की पूर्व तैयारियाँ

1 ध्यान क्या है, इसकी समझ

2 **ध्यान से पहले की तैयारियों की समझ** ✓

3 ध्यान में आनेवाली रुकावटों की समझ

4 ध्यान से प्राप्त लाभों की समझ

5 ध्यान की अवस्थाओं की समझ

10

दो मिनट मनन करें / ज्ञान मनन - ध्यान

1. क्या आप भूल गए हैं कि 'रिश्ते–नाते असल में तेजप्रेम और विश्वास को प्रकट करवाने का माध्यम हैं?'

2. 'विकल्प उपलब्ध होने की स्थिति में हमेशा नए कार्य का चयन करें। पुरानी क्रिया करने के लिए मन की जरूरत होती है। नई क्रिया करने के लिए सजगता की जरूरत होती है।'

3. मुझे 'मौन' पसंद है, क्योंकि··

   क्योंकि 'मौन' इनसान को मशीनियत यानी यांत्रिक जीवन से बाहर लाकर होश बढ़ाता है।

   क्योंकि 'मौन' में विचार, अहंकार और गलत मान्यताएँ विसर्जित हो जाती हैं।

   क्योंकि 'मौन' हमें नित् नूतन बनाता है, जो हम थे, हैं और रहेंगे।

4. मुझे मौन पसंद है, क्योंकि (लिखें) ....
   ....
   ....
   ....
   ....
   ....
   ....
   ....

एक लिखित अभ्यास

ध्यान की पूर्व तैयारियों की समझ

ध्यान के लिए कौन सी पूर्व तैयारी आवश्यक है, इस बारे में विस्तार से लिखें। जैसे ध्यान करते वक्त आँखें बंद होना चाहिए। यह एक पूर्व तैयारी है। दूसरे प्रकार की पूर्व तैयारी यह भी हो सकती है कि इस दौरान ढीले और आरामदेह कपड़े पहने जाएँ। इस तरह आपको ध्यान की पूर्व तैयारी के बारे में जितनी बातें पता हैं, वे सारी यहाँ लिखें—

....

....

....

....

....

....

....

....

....

....

....

....

....

....

....

....

....

....

....

11 महत्त्वपूर्ण बातें, जिन्हें ध्यान से पहले जानना जरूरी है

1. **ध्यान का अभ्यास, सुबह या शाम करें :**

ध्यान के अभ्यास के लिए सुबह का समय आदर्श समय होता है। सुबह ब्रह्मवेला में आप न तो पूरी तरह से जागे होते हैं और न ही पूरी नींद में होते हैं। आप ऐसी अवस्था में होते हैं, जब आपके मस्तिष्क की तरंग कम होती है। इसे 'अल्फा अवस्था' कहते हैं, जो विश्रांति की एक अवस्था है। इस तरह सुबह का वातावरण ध्यान के लिए नैसर्गिक रूप से अनुकूल होता है। आपको शांत वातावरण बनाने के लिए स्वयं की ओर से कोई तैयारी नहीं करनी पड़ती।

समय के अभाव में शाम के वक्त भी ध्यान का लाभ लिया जा सकता है। लेकिन ध्यान के लिए सुबह का समय ही ज्यादा बेहतर होता है, क्योंकि दिनभर रास्तों पर गाड़ियों के दौड़ने के कारण वातावरण धूलभरा हो जाता है, जिसका असर ध्यान पर हो सकता है। दिनभर के कार्य के बाद आप थक जाते हैं, ऐसी अवस्था में भी मस्तिष्क की तरंग कम होती है। इस बात का लाभ शाम के ध्यान में मिलता है।

2. **ध्यान से पहले सभी क्रियाएँ धीमी गति से करें :**

ध्यान करते समय आप अपने भीतर प्रवेश करते हैं, स्वध्यान करते हैं, इसलिए यह आवश्यक है कि ध्यान की शुरुआत से पहले आप शरीर को ध्यान के लिए आवश्यक अवस्था में लाएँ। इसके लिए स्वयं की शारीरिक व मानसिक तैयारी करें। ध्यान की शुरुआत से पहले स्वयं को हर क्रिया धीमी गति से करने के निर्देश दें।

इनसान साधारणतः दिनभर जल्दबाजी में रहता है और उसका मस्तिष्क तेजी से काम करता रहता है, जबकि ध्यान में बैठने से पहले यह जरूरी है कि इनसान की क्रियाशीलता कम हो। अगर आप दस मिनट बाद ध्यान करने जा रहे हैं तो अगले दस मिनट तक अपनी सभी क्रियाएँ धीमी गति से करें। जैसे, आप मुँह धोने

जा रहे हैं तो मंद गति से चलते हुए जाएँ। अगर आपको बैठने के लिए आसन रखना है तो उसे धीरे से बिछाएँ। इस तरह ध्यान में बैठने की तैयारी करते वक्त कोई भी कार्य जल्दबाजी में न करें।

3. **ध्यान का अभ्यास खाली पेट करें :**
रात में नींद के दौरान आपका खाना हजम होता है और सुबह पेट खाली हो जाता है, इसलिए सुबह के समय ध्यान का अभ्यास आसानी से किया जा सकता है। शाम के समय तक आपका दोपहर का खाना हजम हो चुका होता है, इसीलिए शाम के वक्त भी ध्यान का अभ्यास किया जा सकता है।

4. **विशेष वातावरण का लाभ उठाएँ :**
सुबह-सुबह तरोताजा होकर, स्नान करके, ढीले कपड़े पहनकर ध्यान के लिए बैठें। अगर किसी बगीचे, पहाड़ी या मंदिर में ध्यान करने की सुविधा उपलब्ध हो तो निश्चित रूप से इसका लाभ उठाएँ। कई बार बाहर की प्रकृति भीतर की प्रकृति को जानने में मददगार साबित होती है।

5. **ध्यान करते समय फोन बंद रखें :**
ध्यान के लिए बैठने से पहले, यह सुनिश्चित कर लें कि इस दौरान मोबाइल फोन या टेलीफोन की घंटी न बजे। फोन की आवाज से आपका ध्यान बँट सकता है। अत: ध्यान के समय पर फोन बंद कर दें या साइलेंट मोड पर रखें।

6. **शांत वातावरण में ध्यान करें :**
जहाँ लोग बैठकर बातचीत करते हों, उस जगह पर ध्यान न करें, क्योंकि आपका मन स्वाभाविक तौर पर उनकी बातों की तरफ जाएगा। आपके मन में शंका उठ सकती है कि कहीं वे आपकी चुगली तो नहीं कर रहे हैं। ऐसे में आपकी एकाग्रता भंग हो सकती है। आपकी स्थिति पानी में खड़े उस बगुले की तरह हो जाती है,

जो ध्यानमग्न खड़ा दिखाई देता है, लेकिन उसका सारा ध्यान तैरती मछलियों की तरफ लगा होता है। बगुले को देखकर सबको लगता है कि वह ध्यान कर रहा है, लेकिन हकीकत में तो वह अपने खाने की तलाश कर रहा होता है।

7. **ध्यान के लिए हमेशा एक ही आसन का प्रयोग करें :**

हर दिन जब आप नियत समय, स्थान, मुद्रा, तकनीक और आसन के साथ नियत प्रकार का ध्यान करते हैं तो आपका शरीर ध्यान के लिए तैयार हो जाता है। उस जगह पर जाते ही आप ध्यान के लिए तुरंत तैयार हो जाते हैं। आपके विचार आसानी से कम होने लगते हैं। आप अपने विचार सहजता से देख पाते हैं, क्योंकि आपको पता होता है कि उस आसन पर बैठकर आपको सिर्फ एक ही काम करना है और कुछ नहीं। ध्यान के लिए आप जिस आसन का इस्तेमाल करेंगे, उसे हमेशा बाकी आसनों से अलग रखें। उस आसन को सिर्फ ध्यान के लिए ही इस्तेमाल में लाएँ। उस आसन पर बैठकर टी.वी. भी न देखें, क्योंकि इससे आसन का प्रभाव कम हो जाएगा। जिस आसन का इस्तेमाल आप ध्यान के लिए करेंगे, उसे सिर्फ उसी उद्देश्य तक सीमित रखें, ताकि उस पर बैठते ही आप तुरंत ध्यान के लिए मानसिक रूप से तैयार हो पाएँ।

सुबह उठने पर आपको दाँत साफ करने, तरोताजा होने और नहाने के लिए ज्यादा कोशिश नहीं करनी पड़ती। आपका शरीर इन कार्यों के लिए सहज और तुरंत तैयार हो जाता है, क्योंकि वह जानता है कि सोकर उठने के बाद ये सभी क्रियाएँ करनी ही हैं। शरीर को सुबह की इस नियमित दिनचर्या की आदत हो जाती है। इसी तरह आपको ध्यान के आसन की भी आदत डालना है। आसन पर बैठकर आपको किसी भी विचार के पीछे नहीं भागना है, बल्कि सिर्फ ध्यान करना है। आसन पर बैठकर, आपको सभी विचारों के साथ अलगाव की भावना रखना है।

ध्यान में बैठने के बाद आपको बेहतरीन तरकीबों के विचार आएँगे या अपने कार्य को लेकर अच्छे विचार आएँगे, मगर आपको इनसे दूरी बनाकर रखना है। उस समय और उस आसन पर आप ध्यान के अभ्यास के लिए बैठे होते हैं, इसलिए सिर्फ ध्यान करें। इस तरह जब आप एक अलग आसन तैयार करते हैं, तब यह ध्यान में बहुत मददगार साबित होता है।

ध्यान में दूसरा आसन है, आपका शरीर। ध्यान के अभ्यास में स्वयं को इस हद तक तैयार करें कि आपका शरीर ध्यान का आसन बन जाए। निरंतरता से लंबे समय तक ध्यान का अभ्यास करने से यह स्थिति आ सकती है।

8. **ध्यान में हाथ की मुद्रा का महत्त्व :**

ध्यान करते वक्त हमेशा एक ही मुद्रा का चयन करें। मुद्रा का अर्थ है, हाथों की सांकेतिक स्थिति या हथेली और उँगलियों को विशिष्ट तरीके से रखना। इन मुद्राओं के कई फायदे हैं। ध्यान की ये अलग-अलग मुद्राएँ आपको फायदा पहुँचाने के लिए बनाई गई हैं। जब आप ध्यान की गहराइयों में जाएँ, तब विशिष्ट मुद्रा चुनें। चाहे वह एक हाथ की हो या दोनों हाथों की। एक हाथ की मुद्रा चुनना ज्यादा फायदेमंद है, क्योंकि इससे चलने, लिखने या कार्य करते समय भी ध्यान की अवस्था में पहुँचा जा सकता है।

रोजमर्रा के कामों के दौरान अगर आप चिंता से घिरे हैं या परीक्षा या किसी और बात से तनाव में हैं तो ध्यान-मुद्रा अमल में लाएँ। ऐसी स्थिति में अगर आपने अँगूठे और तर्जनी को मिलाकर विशेष मुद्रा या स्वयं के लिए चुनी हुई मुद्रा का इस्तेमाल किया तो आपका शरीर तुरंत ध्यान-अवस्था में पहुँच जाएगा। यूँ तो आपका शरीर नहीं जानता कि आप इंटरव्यू हॉल में हैं या स्टेज पर हैं या कहीं और हैं, लेकिन जैसे ही आप विशेष ध्यान मुद्रा बनाते हैं, शरीर को संकेत मिलता है कि आप ध्यान में जानेवाले हैं और सिर्फ मुद्रा की

बदौलत ही आप ध्यान अवस्था में शांति का अनुभव करते हैं। उस शांत-अवस्था में आप भूली हुई बातें याद कर सकते हैं और चिंता तथा तनाव से मुक्त हो सकते हैं।

निर्णय लेते वक्त भी, आप इस मुद्रा का लाभ ले सकते हैं। हर मुद्रा का अपना महत्त्व होता है। जब आप कोई विशेष मुद्रा अपनाते हैं, तब कुछ विशिष्ट बिंदुओं पर दबाव (एक्यूप्रेशर) पड़ता है, जिससे स्वास्थ्य बढ़ने में मदद मिलती है। जब आप ध्यान अवस्था में जाते हैं, तब कोई एक विशेष मुद्रा अपनाते हैं। इससे ध्यान अवस्था और मुद्रा आपस में जुड़ जाते हैं। ध्यान अवस्था और मुद्रा एक साथ आती है। कार्य करते वक्त आप यह मुद्रा बनाकर तुरंत ध्यान अवस्था में जाते हैं और तनावमुक्त हो जाते हैं।

9. **ध्यान में रीढ़ की हड्डी सीधी रखें :**

ध्यान के दौरान, शरीर की स्थिति में रीढ़ की हड्डी को सबसे अधिक महत्त्व दिया जाता है। जो इनसान ध्यान की ऊँचाइयों को छूना चाहता है, उसके लिए यह बात बहुत महत्त्वपूर्ण है। ध्यान की प्रक्रिया में रीढ़ की हडड्ी सीधी रखने के लिए उस पर बहुत जोर न डालें। इसके विपरीत यह भी नहीं होना चाहिए कि रीढ़ की हडड्ी पूरी तरह ढीली हो और ध्यान के वक्त उसमें झुकाव हो। आपको दोनों चरम स्थितियों से बचना है। सीधे बैठें, रीढ़ की हडड्ी को हलका सा ढीला रखें और दोनों स्थितियों के बीच संतुलन बनाएँ।

ध्यान के दौरान रीढ़ की हडड्ी सीधी रखने का एक और कारण है कि इस स्थिति में पृथ्वी का गुरुत्वाकर्षण पूरे शरीर पर एक समान रूप से कार्य करता है, इसलिए आपको कोई दर्द नहीं होता। जब गुरुत्वाकर्षण का असर शरीर के कुछ हिस्सों पर ज्यादा होता है और कुछ पर कम तब शरीर में दर्द की आशंका बढ़ जाती है। इसलिए शरीर के लिए कोई ऐसा बिंदु या ऐसी स्थिति तलाशें, जिसमें गुरुत्वाकर्षण का खिंचाव एक समान फैला हो।

ऐसी स्थिति में, आप ध्यान में बिना थकान के ज्यादा समय तक बैठ सकेंगे। इसी उद्देश्य को सामने रखकर ध्यान के समय में विशिष्ट स्थिति अपनाने का महत्त्व बताया गया है।

10. शरीर के लिए उपयुक्त आसन चुनें :

ध्यान में बैठने के लिए आप जमीन पर कालीन या बिछौना बिछा सकते हैं। अगर आप सख्त सतह पर ज्यादा देर तक नहीं बैठ सकते तो कोई ऐसा आसन चुनें, जिस पर आप देर तक बैठ पाएँ।

उच्च स्तरों पर, ध्यान को साइकिल की उपमा दी जा सकती है। जब आप साइकिल चलाने में निपुण हो जाते हैं, तब हर स्थिति में आसानी से उसकी सवारी कर लेते हैं। आपके कपड़े कसे हुए हों या बहुत ढीले हों, आप आराम से साइकिल चला पाते हैं। भीड़भाड़वाली सड़कों पर, बाजार में या कहीं भी आपको साइकिल चलाने में कोई मुश्किल नहीं होती। ध्यान के साथ भी ऐसा ही है। जब आप ध्यान के उच्च स्तरों पर पहुँचते हैं, तब आप कहीं भी, किसी भी आसन में ध्यान कर सकते हैं।

11. ध्यान में कम-से-कम बीस मिनट जरूर बैठें :

शुरुआत में कम-से-कम 20 मिनट का ध्यान जरूर करें। बैठने के बाद शुरुआती 5-7 मिनट तो विचार स्थिर होने में ही चले जाते हैं। आखिर के 5 मिनटों में आप समय पूरा होने के बारे में ही सोचते रहते हैं। इन विचारों के बीच ध्यान के लिए आपको केवल 5 से 7 मिनट ही उपलब्ध रहते हैं, इसलिए ध्यान में कम-से-कम 20 मिनट जरूर बैठें। कुछ दिन यह अभ्यास करने के बाद ध्यान की अवधि तथा गुणवत्ता सहजता से बढ़ेगी और कोई समस्या नहीं रहेगी। शुरुआती दिनों में ध्यान करते वक्त आपको बहुत सारे विचार आ सकते हैं। नियमित अभ्यास से ध्यान में बैठने से आपके विचार धीरे-धीरे जाने लगेंगे।

जिन लोगों के पास समय की कमी होती है या जिन्हें ध्यान के बाद

कहीं जाना होता है, वे कोई सांकेतिक घंटी (बज़र) सेट करके रखें। लोगों को डर होता है कि अगर वे ध्यान की गहरी अवस्था में पहुँच गए और वक्त का पता नहीं चला तो 20 मिनट के बजाय एक घंटा भी बीत सकता है। ऐसी स्थिति में उनके आगे के कार्यों में रुकावट आ सकती है। बज़र सेट करने में इसी समस्या का हल है।

बिना बजर सेट किए अगर आप ध्यान के लिए बैठें और बार-बार घड़ी की तरफ देखें तो आप ध्यान की गहराइयों का अनुभव नहीं कर पाएँगे। जो लोग सतत् घड़ी की तरफ देखते रहते हैं, उन्हें यही लगता है कि वे लंबे समय से ध्यान कर रहे हैं, मगर हकीकत में बहुत कम समय (जैसे 2-3 मिनट या 5 मिनट) गुजरा होता है। इसके विपरीत कुछ लोगों को लगता है कि उन्होंने थोड़े समय के लिए ध्यान किया, मगर हकीकत में एक घंटा जितना लंबा समय गुजर चुका होता है। इस तरह ध्यान में अलग-अलग तरह की अवस्थाओं का अनुभव होता है, इसलिए सांकेतिक घंटी (बज़र) का इस्तेमाल करें।

यहाँ तक आपने ध्यान से जुड़े कुछ महत्त्वपूर्ण पहलुओं को समझा। अब ध्यान में आपको क्या करना है, इससे संबंधित गहरी बातें जानने के लिए आगे पढ़ें।

स्तर

2

मनन

1 अवधान
मन को स्थिर तथा तनावमुक्त करने के उपाय

2 **मनन**
मनन के लिए तकनीक ✓

3 एकाग्रता
मन को एकाग्रित करने के उपाय

4 संकल्प शक्ति
संकल्पशक्ति बढ़ाने के लिए अभ्यास

5 उच्चतम चैतन्य
स्वध्यान

11

दो मिनट मनन करें / ज्ञान मनन - ध्यान

1. क्या आप यह भूल गए हैं कि 'जीवन की हर घटना आपके विचारों के द्वारा आकर्षित हो रही है, सब आपका ऑर्डर है ?'
2. 'इनसान को एकांत में ध्यान करना चाहिए
या एकांत होना ही ध्यान है ?
एकांत का अर्थ है, जहाँ 'दो' दो नहीं रहे।
जब दो नहीं तो 'एक' किसे कहें ?
दो के न रहने से 'एक' का भी अंत हुआ।
इसे ही कहते हैं, एकांत यानी 'एक का अंत ।'
3. मुझे 'मौन' पसंद है, क्योंकि ...
क्योंकि 'मौन' में द्वैत का अंत होता है, एक से युक्ति दो से मुक्ति मिलती है।
क्योंकि 'मौन' में भक्त और भगवान् दो नहीं रहते।
क्योंकि 'मौन' में वह दिखता है, जो खुली आँखों से भी नहीं दिखाई देता है।
4. मुझे मौन पसंद है, क्योंकि (लिखें) ....
....
....
....
....
....
....

किसी भी विषय को गहराई से जानना तथा उसे पूर्णता से समझ लेना यानी मनन। जैसे आपको कहा जाए, 'पेन के बारे में सोचें' तो आप पेन के बारे में थोड़ी देर सोचते हैं और बाद में सोचना बंद कर देते हैं। मनन यानी उसके बाद भी सही दिशा में गहराई तक सोच पाना। उस पल आपको बाकी किसी भी विषय के बारे में न सोचते हुए सिर्फ पेन के बारे में ही सोचना है। मनन के साथ चिंता या चिंतन शब्द भी आते हैं। हालाँकि दोनों में बहुत फर्क है। मनन यानी पहले सकारात्मक पहलुओं पर सोचना और बाद में नकारात्मक पहलुओं की तरफ ध्यान देना। चिंतन या चिंता, इसके बिल्कुल विपरीत है, इसमें व्यक्ति पहले नकारात्मक पहलुओं पर सोचता है और बाद में सकारात्मक।

जैसे, आपको गुलाब के फूल पर मनन करने के लिए कहा जाए तो आपका ध्यान पहले गुलाब की खूबसूरती की तरफ जाएगा। बाद में आप सोचेंगे कि गुलाब के काँटे उसकी सुरक्षा के लिए हैं। इसके विपरीत अगर आपको गुलाब के फूल पर चिंतन करने के लिए कहा जाए तो आपका ध्यान पहले काँटों की तरफ जाएगा। काँटों की चुभन के बारे में सोचते हुए आपको फूलों की खूबसूरती और सुगंध महसूस नहीं होगी। आप गुलाब की महक और मोहकता से वंचित रह जाएँगे। पहले काँटे देखेंगे तो फूल फूल नहीं लगेंगे, पहले फूल देखेंगे तो काँटे कम चुभेंगे।

इस उदाहरण के जरिए आपको पता चलेगा कि मनन-चिंतन का महत्त्व, चिंतन-मनन की तुलना में ज्यादा है।

मन को एकाग्रचित्त करने की विधि है मनन। मनन, मन को एकाग्र करने की तकनीक है, जो बुद्धिजीवी इनसान को ज्यादा पसंद आएगी। आसानी से समझ में न आनेवाले कुछ विषय मनन के जरिए सहजता से समझ में आ जाते हैं।

मनन के अभ्यास

12

पहेली ध्यान

इस ध्यान में इनसान को एक पहेली या सवाल दिया जाता है और उसका सही जवाब सोचने के लिए कहा जाता है। यहाँ इस ध्यान के लिए आवश्यक कुछ सवालों की सूची दी गई है। इन पर गहराई से मनन करें।

1. एक हाथ की ताली कैसे बजती है?
2. एक बोतल के अंदर चिड़िया का अंडा रखा है। बोतल का मुँह अंडे के नाप का है। कुछ दिनों बाद अंडे से चिड़िया का बच्चा बाहर आता है। बोतल में ही उसका पालन-पोषण होता है। अंदर ही वह बड़ा होने लगता है। कुछ समय के बाद वह पक्षी बड़ा हो जाता है। यह पहेली सुलझाएँ कि बिना बोतल तोड़े पक्षी को जीवित बाहर कैसे निकाला जा सकता है?
3. आँखें, स्वयं को बिना आईने (निमित्त) के कैसे देखें? अनुभव, अनुभव का अनुभव कैसे करें?
4. कौन से सवाल का जवाब 'हाँ' भी सही है और 'ना' भी सही है?
5. 'कान का कान' कौन है? जुबान स्वयं का स्वाद कैसे ले सकती है?
6. माँ के गर्भ में आने से पहले आपका चेहरा कैसा था?
7. रात में सपना देखते वक्त आप स्वयं को वहाँ क्यों नहीं देख पाते, जहाँ आप होते हैं?

8. पिछले जन्म के कर्मों से यह जन्म मिला तो पहला जन्म कौन से कर्मों की वजह से मिला?

9. प्रयासरहित प्रयास कैसे करें?

10. गहरी नींद में निश्चित क्या होता है?

खोजी ये पहेलियाँ सुलझाते-सुलझाते स्वअनुभव तक पहुँच जाता है और इस ध्यान का उद्‌देश्य पूरा होता है। मनन की गहराई में जाने का महत्त्व है, जवाब के सही या गलत होने का नहीं।

इन पहेलियों के सही जवाब मिलने पर भी आगे अपना मनन जारी रखें। अगर आपके कोई गुरु हैं तो अपने जवाब लिखकर उन्हें भेजें। आप उन तक अपना मनन पहुँचा सकते हैं। बाद में उनसे मिलनेवाले मार्गदर्शन पर फिर से मनन करें। यह मनन आपको संपूर्ण मौन तक पहुँचा सकता है।

13

जीवन सत्यता ध्यान

इस ध्यान में, आपने सुनी हुई किसी भी सशक्त पंक्ति पर मनन करें। यह ध्यान भी पहेली ध्यान की तरह ही है। हो सकता है ये पंक्ति आपके जीवन का सच हों या झूठ। हर परिस्थिति में आप पंक्ति की गहराई में जाएँ और यह जाँचें कि उसका जीवन में क्या उपयोग है। उसके बाद स्वयं के लिए निर्णय लें कि क्या वह जीवन का सच है और क्या आप उसे स्वीकार करना चाहेंगे? जीवन में सत्य को स्वीकार करने से आपकी विवेक शक्ति बढ़ेगी। यहाँ कुछ पंक्तियाँ दी गई हैं। इन पर जरूर मनन करें।

1. हर इनसान को कुछ नपे-तुले खतरे उठाना चाहिए। खतरे उठाने से इनसान का विकास होता है और वह आगे बढ़ पाता है।

2. कोई निर्णय न लेने से ज्यादा अच्छा है, गलत निर्णय लेकर कुछ सीखना।

   निर्णय लेने के बाद जिन लोगों के निर्णय गलत साबित हुए, उन निर्णयों से लोगों ने अनुभव प्राप्त किए और सही निर्णय लेने की कला सीखी। इसका अर्थ गलत निर्णय, गलत नहीं थे।

3. मौत एक लंबी नींद है और नींद एक छोटी मौत है। मरने से पहले न मरें। डर के साथ रोज मरने के बजाय जीवन में सिर्फ एक बार मरना ज्यादा अच्छा है।

4. समस्या के सिर उठाने से पहले, उससे निपटने की शक्ति आपको दे दी गई है। बच्चे के पैदा होने से पहले ही उसके दूध की व्यवस्था कुदरत कर देती है।

5. हर बुरे इनसान में कुछ गुण जरूर होते हैं। उन गुणों का फल भी उसे जरूर मिलता है।

6. जो भाग्य से मुक्त वह भाग्यशाली। सभी के अंदर ईश्वर है तो कौन है, जो भाग्यशाली नहीं है?

7. जीवन में दुःख आपको दुःख देने के लिए नहीं आता। दुःख आता है आपको जगाने के लिए।

8. सिर्फ इच्छा का होना दुःख का कारण नहीं है। जब मन को इच्छा से चिपकाव होता है, तब वह दुःख का कारण बनता है।

14 संपूर्ण दृष्टिकोण ध्यान

संपूर्ण दृष्टिकोण का अर्थ है, किसी भी विषय के हर पहलू को देख पाना, उस विषय के बारे में लगातार सोचना और उसका पुनरावलोकन करना।

जैसे किसी ने आपके सामने एक पेन रखा और आपको उसकी तरफ लगातार देखने के लिए कहा तो इसे एकाग्रता कहा जा सकता है, लेकिन अगर आपसे कहा जाए कि 'आपको उस पेन पर मनन करना है' तो आप क्या करेंगे? ऐसी स्थिति में आप सिर्फ पेन के बारे में सोचेंगे, 'यह एक पेन है··· इस पर ढक्कन है··· इसमें एक क्लिप है··· इसके अंदर एक रीफिल है··· इसके भीतर एक स्प्रिंग भी है··· पेन अलग-अलग तरह के होते हैं, जिनमें शामिल हैं—इंक-पेन, बॉल-पेन आदि··· अमुक व्यक्ति ने पेन का आविष्कार किया था··· प्राचीनकाल में लोग पक्षी के पंख से लिखते थे··· फिर किसी ने सोचा कि इसे स्याही से भर दिया जाए तो कैसा रहे···।' इस तरह आप पेन के बारे में सोचेंगे।

फिर एक समय ऐसा आएगा, जब आपका सोचना थम जाएगा और आपको महसूस होगा, 'मैं इस विषय पर सबकुछ सोच चुका हूँ, अब आगे क्या सोचूँ?' इसके बावजूद आपको बताया जाता है कि आपको उस पर आगे सोचना है। दरअसल, विचार बंद हो जाने के बाद ही वास्तविक सोच की शुरुआत होती है। उसके बाद आप मनन करेंगे तो ऐसी बातें सामने आएँगी, जो कभी नहीं आई होंगी।

लगातार 'मैं कौन हूँ?' सवाल पूछने से आप ऐसी अवस्था तक पहुँचेंगे, जहाँ आपको इसका जवाब अनुभव से मिलेगा। इसे संपूर्ण दृष्टिकोण या मनन कहा जाता है यानी किसी विशिष्ट विषय की गहराई तक जाना। अगर आप मन को ज्यादा समय तक एकाग्रित नहीं कर पाते तो आप थोड़ी देर बाद थक जाएँगे और 'इतना मनन काफी है' सोचकर इसे छोड़ देंगे। किसी विषय की गहराई तक जाने की आदत विकसित करने के लिए हर रोज आपको यह ध्यान करना चाहिए। प्रतिदिन ध्यान करते वक्त किसी भी वस्तु पर मनन करें, जैसे पेपरवेट, सेफ्टी पिन, कैल्क्युलेटर, पैरदान (डोरमैट), परदा, चम्मच, दरवाजे का हैंडल, पेंसिल आदि।

अकसर आपको कोई फोन नंबर याद नहीं आता। आप उसे याद करने की भरसक कोशिश करते हैं। आप सोचते हैं, 'वह नंबर क्या था? वह मेरी जुबान पर है, मगर बाहर नहीं आ रहा है।' अगर आपको किसी का नाम याद नहीं आता तो आप उसे याद करने की कोशिश करते हैं, 'क्या था वह नाम? मुझे वह नाम पता है, मगर याद क्यों नहीं आ रहा है?' उसके बाद थोड़े समय के अंतराल पर आपका सोचना लगातार जारी रहता है। एक दिन जब आप आराम से बैठे होते हैं, तब अचानक आपको वह नाम याद आ जाता है और आप आश्चर्य से कहते हैं, 'हाँ! यही है वह नाम!' उस समय आप बहुत खुश होते हैं। हर इनसान को ऐसा अनुभव आता है।

ठीक इसी तरह, क्या आपने कभी अपने आपसे यह सवाल किया है, 'मैं कौन हूँ?''' मैं कौन हूँ?''' अगर नहीं तो अभी पूछें, रोज पूछते रहें और इसका परिणाम देखें। एक साधारण नाम याद करने के लिए आप एक दिन, चार दिन या फिर एक सप्ताह तक का समय देते हैं, लेकिन 'स्वयं' को जानने के लिए आप कितना समय देते हैं? इस बात को ध्यान में रखते हुए स्वयं से सतत 'मैं कौन हूँ?' सवाल पूछते रहें और एक दिन अचानक आपको याद आएगा, आपके सामने अनुभव प्रकट होगा। तब आपको समझ प्राप्त होगी कि यह ध्यान कितना महत्त्वपूर्ण था। 'मैं कौन

हूँ?' का जवाब अनुभव से जानने के बाद आप कभी नहीं भूलेंगे, क्योंकि वह आपका अनुभव होगा। आप बुद्धि से संबंधित विषय भूल जाते हैं, जैसे स्कूल-कॉलेज में आपने क्या पढ़ा था, यह आपको याद नहीं रहता। अगर आपने उसका कुछ व्यावहारिक अभ्यास किया होता तो आप उसे याद रख पाते। दरअसल, आप अनुभव से जो बातें जानते हैं, वे आसानी से याद रख पाते हैं, वरना सब भूल जाते हैं।

15

प्रज्ञा ध्यान

ध्यान से पहले समझें कि आप स्वयं के शरीर का इस्तेमाल कर रहे हैं, आप शरीर नहीं हैं। आप कार का इस्तेमाल करते हैं, लेकिन ऐसा कभी नहीं कहते कि 'मैं यह कार हूँ।' आप हमेशा यही कहते हैं, 'यह मेरी कार है।' जब आप 'मेरा' शब्द का इस्तेमाल करते हैं, तब उसके साथ जुड़ी हुई कोई भी वस्तु आप नहीं होते, जैसे 'मेरा घर, मेरी आँखें' आदि। इस बात को गहराई से समझने के लिए यह प्रयोग करें।

अपने दाहिने हाथ की तरफ देखें और स्वयं से पूछें, 'क्या मैं यह हाथ हूँ?' इस सवाल का जवाब अपनी बुद्धि नहीं, अनुभव से दें। यह अनुभव करने के लिए स्वयं को एक मिनट दें। फिर एक बार अपने हाथ की तरफ देखें और स्वयं से पूछें, 'क्या मैं यह हाथ हूँ?' आपको स्वयं के हाथ के साथ कौन सा संबंध महसूस होता है?··· क्या मैं यह हाथ हूँ?··· इसे गौर से देखें··· हाथ तो मेरा है, मगर मैं यह हाथ नहीं··· यह अनुभव आपको मिला। उसी तरह शरीर के हर अंग के साथ यह करके देखें (पैर, घुटने आदि)। हर बार यही भावना आती है··· 'यह तो मैं नहीं।'

अपने आपसे अगला सवाल पूछें, 'अगर मेरा यह हाथ काट दिया जाए तो क्या मैं अधूरा, अपूर्ण हो जाऊँगा?' जवाब आएगा, 'नहीं, मैं फिर भी पूर्ण रहूँगा।' अंदर से जो भाव, जो अनुभव आता है, वह कहता है, 'मैं पूर्ण हूँ।'

दुर्घटना की वजह से यदि किसी व्यक्ति के हाथ-पैर कट जाएँ तो भी वह कहता है, 'मैं तो पूर्ण हूँ।' दुर्घटना के बावजूद उसे अंदर से अपूर्ण होने का एहसास नहीं होता, क्योंकि शरीर के कट जाने से व्यक्ति अपूर्ण नहीं हो जाता।

'मैं शरीर हूँ', यह मूल मान्यता, इस ध्यान के दौरान होनेवाले अनुभव से टूटती है। प्रज्ञा ध्यान में 'मैं कौन हूँ?' सवाल पर शरीर को देखते हुए मनन करें। यह ध्यान पढ़कर पुस्तक नीचे रखें और तुरंत इसे करें।

16 मृत्यु-ध्यान

'मृत्यु' सबसे सशक्त विषयों में से एक है, जिस पर इनसान मनन कर सकता है। हालाँकि मन के विषयों के दायरे में 'मृत्यु', यह विषय नहीं आता। यही वजह है कि मनन करने के लिए 'मृत्यु' एक अच्छा विषय है। ध्यान का उद्देश्य तभी पूरा होता है, जब मन निर्विचार अवस्था में पहुँच जाता है। 'मृत्यु' पर मनन करने से जीवन का महत्त्व और उसका मूल्य समझने में मदद मिलती है। 'मृत्यु-ध्यान' में ऐसे अलग-अलग सवालों पर मनन करें, जो मृत्यु और मृत्यु उपरांत जीवन से जुड़े हैं, जैसे—

1. सही मायने में मृत्यु यानी क्या?
2. आप पैदा होते हैं यानी क्या होता है? जब आपकी मृत्यु होगी तब क्या होगा?
3. क्या मृत्यु उपरांत जीवन है?
4. क्या अंत:प्रेरणा से आपको लगता है कि मृत्यु के बाद भी आपका जीवन चलता रहेगा?

5. यदि मृत्यु के उपरांत जीवन है तो उसकी तैयारी के लिए आप अभी से क्या कर सकते हैं ?
6. इनसान को मृत्यु क्यों दी गई है ?
7. मृत्यु और नींद में क्या रिश्ता है ?

यहाँ पर बताए गए हर सवाल पर गहराई से मनन करें। इनमें से कोई एक सवाल चुनकर उससे संबंधित और सवाल बनाकर अपना मनन जारी रखें।

आप 'मृत्यु और नींद में क्या रिश्ता है ?' इस सवाल पर मनन कर रहे हैं तो आप इससे संबंधित और सवाल लिख सकते हैं। जैसे 'क्या नींद एक छोटी मौत है ?' या 'नींद द्वारा आप मृत्यु के बारे में कुछ सीख सकते हैं ?' आदि आदि सवालों पर लंबे समय तक गहराई से मनन करें।

हर बार मनन करने पर आपके सामने नए आयाम खुलेंगे। जब आप संपूर्ण गुरु से मृत्यु के विषय पर मार्गदर्शन लेंगे, तब आप ज्यादा आसानी से यह ध्यान कर पाएँगे। मृत्यु के उपरांत इनसान के शरीर का क्या होता है, इस बात की जानकारी हो या न हो, मनन के प्रशिक्षण के लिए यह एक सुंदर ध्यान है।

17 दो मिनट मनन करें / ज्ञान मनन - ध्यान

1. क्या आप भूल गए हैं कि 'जो आप हैं, उसे आकार नहीं है ?'

2. 'जो आप नहीं हैं, उसे मिटाना ध्यान है;

   जो आप हैं, उसे जगाना ध्यान है।

   जो आप नहीं हैं, वह अभिनय करना बेहोशी है;

   जो आप हैं, वही बनकर जीना परम जागरण है।

   यह सब 'ध्यान के ध्यान' से संभव है।'

3. मुझे 'मौन' पसंद है, क्योंकि ...

   क्योंकि 'मौन यह समझ देता है कि पंचेंद्रियों द्वारा शरीर पर होनेवाले अनुभव, शरीर पर हो रहे हैं, मुझ पर नहीं।'

   क्योंकि 'मौन' एक बीज है, जिससे आत्मज्ञान का महावृक्ष प्रकट होता है।

   क्योंकि 'मौन' की वजह से दुःखी रहने की आदत से मुक्ति मिलती है।

4. मुझे मौन पसंद है, क्योंकि (लिखें) ....

   ....

   ....

   ....

   ....

   ....

   ....

भाग

3

ध्यान में आनेवाली बाधाएँ

1 ध्यान क्या है, इसकी समझ

2 ध्यान से पहले की तैयारियों की समझ

3 ध्यान में आनेवाली रुकावटों की समझ ✓

4 ध्यान से प्राप्त लाभों की समझ

5 ध्यान की अवस्थाओं की समझ

एक लिखित अभ्यास

ध्यान में आनेवाली रुकावटों की समझ

ध्यानमार्ग में आपके सामने आनेवाली रुकावटों पर अपने विचार नीचे लिखें। जैसे आपको लगता है कि शोरगुल इस मार्ग की रुकावट है तो नीचे इसका उल्लेख करें। हालाँकि शोरगुल ध्यानमार्ग की बाहरी रुकावट है। बाहरी रुकावटों के साथ-साथ अंदरूनी रुकावटों की भी फेहरिस्त बनाएँ।

ध्यान के चार दुश्मन

पुस्तक की शुरुआत में आपने ध्यान की पूर्व तैयारी के बारे में पढ़ा है। इस भाग में ध्यान के दौरान आनेवाली रुकावटों के बारे में जानें। दरअसल, ध्यान के दौरान कई तरह की रुकावटें आ सकती हैं। नीचे कुछ रुकावटों की संक्षेप में जानकारी दी गई है।

1. **ध्यान का पहला दुश्मन - निराशा :**

   रोज नियम से ध्यान करनेवाले व्यक्ति को जब अपने जीवन में कोई लाभ होता दिखाई नहीं देता, तब वह निराश हो जाता है। निराशा की भावना के कारण उसका मन एकाग्रित नहीं हो पाता। वह खुद को शक्तिहीन महसूस करने लगता है। अगर आपमें निराशा के ऐसे भाव जागे तो तत्काल सकारात्मक विचारों को दोहराएँ। निराशा के विचारों को गुजर जानेवाले बादलों की तरह देखें, जो थोड़े समय तो एक स्थान पर छाए रहते हैं, लेकिन फिर छँट जाते हैं। आपको इन बादलों के आने-जाने से कोई दिक्कत नहीं होती। इसी तरह मन में आने-जानेवाले निराशा के विचारों को साक्षीभाव से, अलगाव की भावना से देखें। ऐसा कभी न कहें, 'मैं निराश हूँ' बल्कि हमेशा कहें, 'मेरे मन से निराशा के विचार गुजर रहे हैं और जल्द ही ये छँट जाएँगे।' अलगाव की इस भावना के कारण आपके मन से निराशा के विचार सहजतापूर्वक चले जाएँगे और आप एकाग्रचित्त होकर ध्यान कर पाएँगे।

2. **ध्यान का दूसरा दुश्मन - शंका :**

   ध्यान करते वक्त इनसान को स्वयं के बारे में कई शंकाएँ आती हैं; जैसे 'अन्य लोगों की तरह मैं भी अच्छी तरह से ध्यान कर पाऊँगा या नहीं? मैं ज्यादा देर ध्यान में बैठ पाऊँगा या नहीं? बाकी लोगों की तरह मैं भी ध्यान के दौरान आनेवाले विविध अनुभवों के बारे में बता पाऊँगा या नहीं? क्या वाकई में ध्यान मेरे लिए है?

   आप समझ गए होंगे कि ध्यान के दौरान सामने आनेवाली यह

सबसे महत्त्वपूर्ण बाधा है। ध्यान के बड़े दुश्मनों में से एक नाम है शंका।

कभी इनसान उसी गुरु पर शंका करने लगता है, जिसने उसे वह ध्यान-पद्धति सिखाई। इनसान सोचता है, 'गुरुजी ने मुझे यह ध्यान-पद्धति क्यों सिखाई? इसका उद्देश्य क्या है?' ध्यान विधि में तोलू मन* को उकताहट महसूस होती है, इसलिए वह हमेशा ध्यान को टालना चाहता है। इस उकताहट में उसका अस्तित्व नष्ट हो सकता है, इसलिए वह अपने आपको बचाने के लिए सवाल उठाता है, 'गुरुजी ने मुझे यह ध्यान-पद्धति सिखाई ही क्यों? इस ध्यान से मुझे कोई फायदा नहीं हो रहा है।' इस तरह व्यक्ति अपने गुरु को ही शंका के घेरे में ले लेता है।

अगर व्यक्ति को स्वयं या गुरु पर शक नहीं होता तो उसकी नजरें अपनी ध्यान-पद्धति पर टिक जाती हैं। उसे लगता है, 'इस पद्धति के कई फायदे हैं, लेकिन क्या इससे वाकई आत्मसाक्षात्कार होगा?'

आपके मन में इस तरह की कोई भी शंका पैदा हो तो तुरंत उसे ध्यान के दुश्मन के रूप में पहचानें। शंका के जाल की गिरफ्त में आने की मूर्खता न करें। आइए, इसे एक और उदाहरण से समझते हैं।

'घर आए मेहमान को कैसे भगाया जाए' इस विषय पर एक इनसान पुस्तक पढ़ रहा था। उसके घर में उपस्थित मेहमान ने वह पुस्तक देखकर उसे कहा, 'यह पुस्तक मत पढ़ो। इसे पढ़ने से कोई फायदा नहीं होगा।' आप ही बताइए, क्या वह इनसान मेहमान की बातों पर यकीन करेगा? जिस मेहमान को भगाने के लिए इनसान पुस्तक पढ़ रहा था, उसकी बातों पर वह कभी यकीन नहीं करेगा। यही बात अगर उसे कोई और कहता तो वह जरूर सोचता। मजे की बात यह थी कि वह मेहमान स्वयं को मेहमान नहीं मानता था, मगर इनसान जानता था कि असलियत क्या है। उसे पता था कि वह मेहमान है और उसे भगाने के लिए ही वह पुस्तक पढ़ रहा है।

* तोलू मन-अनुमान लगानेवाला ओर तुलना करनेवाला मन

यह उदाहरण सिर्फ मन के बहानों पर गौर न करने के लिए दिया गया है। ध्यान में बैठने के बाद मन आपसे कहेगा, 'यह गलत है··· इससे कोई लाभ नहीं हो रहा है··· मैं ध्यान नहीं कर पाऊँगा। मेरे साथ कई तरह की दिक्कतें हैं। मुझे अमुक-अमुक तरह की बीमारी है··· मेरे पैरों में दर्द रहता है··· मैं कम पढ़ा-लिखा हूँ··· मैं समझ नहीं पाऊँगा··· वगैरह-वगैरह।' मन इस तरह के बहाने गढ़े तो उसे समझाएँ, 'ध्यान के लिए ऊँची पढ़ाई-लिखाई की जरूरत नहीं है। शरीर दर्दरहित या कष्टरहित हो, यह भी जरूरी नहीं है। हर तरह की शारीरिक अवस्था के बावजूद ध्यान किया जा सकता है।' ध्यान के बारे में मन में किसी भी तरह की शंका या शक की गुंजाइश न रखें। ध्यान के इस दुश्मन को तुरंत भगाएँ।

3. **ध्यान का तीसरा दुश्मन–लगाव, नफरत और इंद्रिय सुख के विचार :**

ध्यान में बैठने के बाद आपको कुछ नकारात्मक घटनाएँ याद आ सकती हैं, जिनकी वजह से आपको अपने प्रतिस्पर्धी से बदला लेने के विचार आ सकते हैं। ऐसे विचार आने के बाद आपको संतुष्टि महसूस होती है। अहंकार को ऐसी ही संतुष्टि तृप्त करती है। अहंकार कहता है, 'मैं यही चाहता था। मुझे हर पल यही विचार आते थे कि प्रतिस्पर्धी से कैसे बदला लिया जाए।' ध्यान के दौरान बदला लेने के विचार आएँ तो तुरंत सजग हो जाएँ, क्योंकि उन विचारों के साथ लोभ, कामुकता और इंद्रिय सुख के विचार आने के पूरे-पूरे आसार होते हैं। इनसान की अनेक महत्त्वाकांक्षाएँ होती हैं। वह लगातार कई विषयों की तरफ ध्यान देता है, इसलिए उसके मन में अनेक दृश्यों की छवि बन जाती है। ध्यान के दौरान, ये सभी दृश्य उसकी आँखों के आगे फिल्म की तरह उभरने लगते हैं और

वह उनमें फँस जाता है। इन विचारों में बहुत देर खोए रहने के बाद उसे याद आता है, 'अरे! मैं तो ध्यान करने बैठा था।' आप मंदिर जाते हैं तो मन में कौन से विचार आते हैं ? आपके मन में वही विचार आने चाहिए, जिनके लिए आप संबंधित स्थान पर जाते हैं। अगर आपको दूसरी बातों के बारे में सोचना है तो बाद में घर जाकर सोच सकते हैं। उसी तरह ध्यान में बैठने पर जो विचार आने चाहिए, वे बातें सोचें, न कि माया की बातें। ध्यान के इस दुश्मन के बारे में हमेशा सजग रहें।

4. **ध्यान का चौथा दुश्मन–आलस्य :**

ध्यान का चौथा दुश्मन है आलस्य। कई बार ध्यान के दौरान शरीर के साथ न देने की वजह से आपको नींद आने लगती है और आपका मन कहता है, 'वैसे भी सही ढंग से ध्यान नहीं हो पा रहा है। ध्यान को छोड़ो, चलो गहरी नींद लेते हैं।' आपको धोखा देने के लिए मन कई सालों से इस तरह के तर्कों का इस्तेमाल करता रहा है। इस आदत की वजह से मन ध्यान न करने के लिए भी तर्क का इस्तेमाल करता है। लेकिन तर्क का यह खोटा सिक्का ज्यादा दिनों तक नहीं चल सकता। खोटा सिक्का तब तक ही चलता है, जब तक लोग उसे स्वीकार करते रहते हैं। सजगता से जब लोग खोटे सिक्के लेना बंद कर देते हैं, तब उनका चलन तुरंत बंद हो जाता है। ध्यान के दुश्मनों के साथ भी ऐसा ही है। जब आप सजगता से व डटकर हर दुश्मन का सामना करते हैं और बाधा डालनेवाले विचारों के बावजूद ध्यान जारी रखते हैं, तब सारे दुश्मन तुरंत भाग जाते हैं।

तर्करूपी इस दुश्मन से तुरंत सावधान हो जाएँ। मन ध्यान में कुछ न होने का बहाना करेगा तब उससे कहें, 'ध्यान में कुछ हुआ या नहीं, इससे कुछ फर्क नहीं पड़ता। मैंने ध्यान करने का निर्णय लिया है, इसलिए हर परिस्थिति में मैं ध्यान में बैठूँगा।'

ध्यान के उच्च स्तरों पर जाने के लिए इस मंत्र को याद रखें, 'निरंतरता ही सफलता की कुंजी है।' ध्यान की निरंतरता में कभी बाधा न आने दें। अगर मन बहुत उत्तेजित होने लगे तो उठकर चेहरे पर ठंडे पानी के छींटे मार लें या बीच-बीच में भीगे तौलिए से अपना चेहरा पोंछते रहें और ध्यान जारी रखें। हर बहाने और बाधा के बावजूद यह तय करें कि आप एक निश्चित समय तक अपने मन से कार्य करवाएँगे। इसे अपना लक्ष्य बना लें।

ध्यान की शुरुआती अवस्थाओं में ये सभी दुश्मन सताते हैं। जैसे छोटे बच्चे के दाँत निकलते वक्त शुरुआत में उसे तकलीफ होती है और बाद में सब आसान होता है। इन शुरुआती समस्याओं से पार हो जाने के बाद सब आसान हो जाता है। ध्यान के आगे के स्तरों पर तो आप ध्यान के समय का इंतजार करेंगे।

ध्यान में निरंतरता से बढ़ेगी चेतना

रोज नहाना इनसान की जरूरत है। नहाने के बाद वह तरोताजा महसूस करता है। इसी तरह रोज ध्यान करना जरूरी है, लेकिन चूँकि आप लोगों को रोज ध्यान करते हुए नहीं देखते, इसलिए आपको ध्यान करना आवश्यक नहीं लगता। आप लोगों को रोज ध्यान करते हुए न देखें, मगर लोगों को आपको रोज ध्यान करते हुए देखने की जरूरत है। तात्पर्य यही है कि आपको रोज निरंतरता से ध्यान करना है, क्योंकि किसी-न-किसी को तो शुरुआत करनी ही पड़ेगी।

जब गौतम बुद्ध ने ध्यान की शुरुआत की, तब यह नहीं सोचा कि 'मैं ध्यान नहीं करूँगा, क्योंकि मेरे आस-पास का कोई भी इनसान ध्यान नहीं करता।' उनकी सोच सीमित नहीं थी, इसलिए ध्यान की शुरुआत संभव हो पाई।

एक बार ध्यान की गहराइयों में जाने के बाद, मन को ध्यान में उकताहट महसूस नहीं होगी। चेतना के उच्च स्तर पर, ध्यान करने से मन को अच्छा लगने लगेगा और ध्यान की अवधि सहजता से बढ़ती जाएगी। ध्यान की अतल गहराइयों को छूने के बाद मौका पाते ही आप ध्यान में डुबकी लगाने लगेंगे। चेतना के उच्च स्तरों पर आप इतनी सहजता से ध्यान अवस्था में चले जाएँगे कि किसी को पता भी नहीं चलेगा कि आप अभी-अभी ध्यान से बाहर आए हैं।

स्तर

3

एकाग्रता

1 अवधान
मन को स्थिर तथा तनावमुक्त करने के उपाय

2 मनन
मनन के लिए तकनीक

3 एकाग्रता
मन को एकाग्रित करने के उपाय ✓

4 संकल्प शक्ति
संकल्पशक्ति बढ़ाने के लिए अभ्यास

5 उच्चतम चैतन्य
स्वध्यान

18

दो मिनट मनन करें / ज्ञान मनन - ध्यान

1. क्या आप भूल गए हैं कि 'आप शरीर का इस्तेमाल कर रहे हैं, शरीर आपका इस्तेमाल नहीं कर रहा?'

2. 'चेतना के सोने से मन मालिक बन जाता है, मगर जब चेतना की शक्ति से आप स्वयं के मालिक होने का ऐलान करते हैं, तब मन एक आज्ञाकारी नौकर बन जाता है।'

3. मुझे 'मौन' पसंद है, क्योंकि ···

   क्योंकि 'मौन' में अव्यक्त व्यक्त होता है, जो अदृश्य है वह प्रकट होता है।

   क्योंकि 'मौन' में अपने विकार, गलत संस्कार प्रकाश में आते हैं।

   क्योंकि 'मौन' खोजी के अंत:करण में शुद्ध प्रेम जाग्रत् करता है।

4. मुझे मौन पसंद है, क्योंकि (लिखें) ························
   ···
   ···
   ···
   ···
   ···
   ···

कई बार इनसान का मन भारी और उदास हो जाता है। ऐसे समय उसके लिए सही और सटीक व्यायाम है एकाग्रता। विचारों से भरा मन भारी और मंद होता है। ऐसी अवस्था में मन की संवेदनशीलता कम हो जाती है और वह किसी विषय की गहराई में नहीं जा पाता। उदास मन को सक्रिय, जागरूक और संवेदनशील बनाने के लिए एकाग्रता का प्रशिक्षण आवश्यक है। अब यहाँ एक गहरी बात यह है कि मन को प्रशिक्षण देते वक्त आपका लक्ष्य सिर्फ उसकी एकाग्रता बढ़ाना ही न हो, बल्कि यह भी हो कि इससे आपको अंतिम लक्ष्य-प्राप्ति में मदद मिले। मन को किसी विशिष्ट विषय पर केंद्रित करने को एकाग्रता कहा जा सकता है, मगर अकसर देखा गया है कि मन को एकाग्रता पसंद नहीं आती। एकाग्रता का अभ्यास करते वक्त आपके साथ तीन बातें होने की संभावना है। जैसे :

1. एकाग्रता से मन को उकताहट (बोरियत) महसूस हो सकती है,
2. एकाग्रता के दौरान, न-मन अवस्था प्राप्त हो सकती है और
3. उच्च एकाग्रता की अवस्था में मन किसी भी कार्य को गहराई से करने के लिए सहर्ष तैयार हो सकता है।

एकाग्रता का अभ्यास करते हुए शुरुआत में मन को उकताहट महसूस हो सकती है या नींद के झोंके आ सकते हैं। मन अलग-अलग बहाने भी गढ़ सकता है, मगर जल्द ही वह ध्यान की अतल गहराइयों में जाने के लिए तैयार होने लगता है। एकाग्रता बढ़ाने के लिए यहाँ दी जा रही ध्यान विधियों में से किसी एक का प्रतिदिन अभ्यास जरूर करें।

मन को एकाग्रित करने के कुछ अभ्यास

19

संख्या ध्यान

मन के साथ तालमेल बढ़ाने के लिए उसके भीतर की यात्रा कैसे की जाए, यह जानना बहुत आवश्यक है। यह ध्यान आपकी बुद्धि, मन और स्वसाक्षी (सेल्फ) में अच्छा तालमेल बैठाने

में मददगार सिद्ध हो सकता है। स्वयं के भीतर जाने के लिए एकाग्रता की आवश्यकता होती है और संख्या ध्यान आपकी एकाग्रता बढ़ाने में सहायक साबित हो सकता है। यहाँ संख्या ध्यान की विधि विस्तार से अलग-अलग पायदानों के साथ दी जा रही है। सबसे पहले इसे पढ़कर ध्यान को पूर्ण रूप से जानें और उसके बाद इसका प्रयोग करें।

ध्यान विधि :

1. आँखे बंद करें। ध्यान स्थिति और मुद्रा में बैठ जाएँ।
2. बंद आँखों में ही दो अलग-अलग अंक सोचें। अपनी सुविधा के अनुसार आप कोई भी अंक चुन सकते हैं। इन अंकों का गुणा (मल्टीप्लाई) करें और परिणाम को याद रखें। मसलन, आप मन-ही-मन 47 और 22 का गुणा कर सकते हैं और इसका जवाब याद रख सकते हैं।
3. एक बात पर गौर करें कि गुणा करते वक्त कोई भी शॉर्टकट (मैथमैटिक्स की ट्रिक) या याददाश्त बढ़ाने की तकनीक का इस्तेमाल न करें। जिस प्रकार आप कागज पर गणित करते हैं, वैसा ही गणित मन में करें।
4. जवाब मिल जाने के बाद आँखें खोल लें। अब उसी गुणा को कागज पर हल करके अपना जवाब जाँचें। ऊपर दिए गए गणित में दो अंकों में से एक अंक था 22। इस अंक में इकाई और दहाई दो ही संख्या थीं। ध्यान की शुरुआत में ऐसी आसान संख्या से आपको गुणा करने में आसानी होगी।
5. अगर आपको पहला गुणा मुश्किल लगा हो तो दूसरा प्रयोग जरूर करें। आँखें बंद करके मन-ही-मन में 47 और 47 का गुणा करके देखें। इस गणित में इकाई और दहाई के दोनों अंक समान होने से गलती की गुंजाइश कम होगी।

6. पहले सवाल का हल निकालने के बाद दूसरी पायदान पर 47 x 29 का हल ढूँढ़ने की कोशिश करें। अब आपके लिए यह समझना आवश्यक है कि इस ध्यान में ये गणितीय क्रियाएँ क्यों जरूरी हैं। ध्यान करते वक्त हर गणितीय प्रक्रिया का सही जवाब ही आए, ऐसा आवश्यक न समझें। इस प्रक्रिया का उद्देश्य सिर्फ इतना है कि गुणा करने के मानसिक व्यायाम से आपकी मानसिक दक्षता बढ़े और आपकी एकाग्रता में बढ़ोतरी हो।
7. इस ध्यान में पहले एकल अंक (सिंगल डिजिट) की संख्याओं का गुणा करने की कोशिश करें। धीरे-धीरे आगे जब आपका आत्मविश्वास बढ़ जाएगा, तब दो अंकों (डबल डिजिट) की संख्याओं का गुणा आप आसानी से कर पाएँगे।
8. जो ध्यानार्थी दो अंकों की संख्याओं का गुणा आसानी से कर लेते हैं, उन्हें आगामी पायदानों में ध्यान के दौरान तीन-अंकोंवाली संख्याओं को गुणा करने का अभ्यास करना चाहिए। जो ध्यानार्थी दो अंकोंवाली संख्याओं का गुणा नहीं कर पाते, उन्हें एक अंकवाली संख्या का गुणा करने का अभ्यास करना चाहिए। एक बार साधारण सवाल आसानी से हल करने के बाद मुश्किल गणित की तरफ आगे बढ़ें।

इस ध्यान के दौरान प्रकट होनेवाली अवस्थाएँ :

1. जिन लोगों को संख्याएँ पसंद नहीं आतीं, उन्हें यह ध्यान करते वक्त उकताहट महसूस हो सकती है और ध्यान न करने का या बीच में ही छोड़ देने का विचार आ सकता है।
2. जिन लोगों को संख्याएँ पसंद आती हैं, वे संख्याओं के गुणा बहुत कम समय में कर लेंगे और ध्यान भी जल्दी पूरा कर लेंगे।
3. कुछ लोग मन-ही-मन तो संख्याओं का गुणा कर पाएँगे, मगर बाद में कागज पर उनका सही जवाब ढूँढ़ना उन्हें मुश्किल लग सकता है।

ध्यान के दौरान इनमें से एक अवस्था आपके साथ संभव है। अगर ऐसा हो और आपको इस दौरान कोई परेशानी महसूस हो तो हमेशा ध्यान का उद्देश्य याद रखें। ध्यान का उद्देश्य सिर्फ और सिर्फ संख्याओं का गुणा नहीं है, बल्कि यह तो महज एक जरिया है, एक अभ्यास है, जिसके द्वारा आपको एकाग्रता की कला सीखना है। यह अभ्यास आपके मन को एकाग्रित करने के लिए है। एकाग्रता के लक्ष्य के साथ यह ध्यान करें, ताकि आनेवाली हर दिक्कत के बावजूद आप इसे बेहतरीन तरीके से कर पाएँ।

ध्वनि के लाभ :

1. आपको एकाग्रता का यह अभ्यास कैसा लगा? क्या ऐसा हुआ कि संख्याएँ कुछ समय तक तो मन में स्थिर रहीं, लेकिन धीरे-धीरे फिसलने लगीं? इस अभ्यास से आपकी एकाग्रता और मानसिक शक्ति मजबूत हो सकती है, जो ध्यान की गहराइयों में जाने के लिए बहुत उपयोगी है।

2. इस ध्यान के दौरान आपके विचार कहाँ थे? आपने अनुभव किया होगा कि यह अभ्यास करते हुए आपके बाकी सभी विचार गायब हो गए थे! इस ध्यान का महत्त्व यही है कि ध्यान समय में आप वर्तमान में रहने की कला सीखते हैं। वरना विचार हमेशा या तो भविष्य में रहते हैं या अतीत में।

3. इस ध्यान के जरिए आप वर्तमान में रहने और मन को आराम देने की कला सीखेंगे। दिनभर की भागदौड़ और लगातार चलनेवाले विचारों से मन थक जाता है। अगर आप सही तरीके से ध्यान की कला सीखेंगे तो हरदम तरोताजा रहने का रहस्य जान पाएँगे।

20 ध्वनि-ध्यान

श्रवणशक्ति इनसान को मिला अनूठा उपहार है, जिसका उपयोग एकाग्रता बढ़ाने के लिए भी किया जा सकता है। हर इनसान श्रवण करता है, मगर उसके जरिए एकाग्रता बढ़ाने की कला उसे नहीं आती। यह ध्यान आपको श्रवण के जरिए एकाग्रता बढ़ाने की कला सिखाता है। आइए, इसकी विधि विस्तार से जानते हैं।

ध्यान विधि :

1. आँखें बंद करें। ध्यान की स्थिति व मुद्रा में बैठ जाएँ।

2. शरीर को स्थिर रखते हुए आसपास की सभी आवाजें सुनें, इनमें से पाँच अलग-अलग तरह की आवाजों को पहचानने की कोशिश करें।

3. आवाजें सुनते वक्त यदि पंखे के चलने की आवाज आती है तो उसके साथ जुड़ी अन्य आवाजें भी सुनने का प्रयत्न करें। जैसे, पंखे के मोटर की आवाज, बियरिंग या अलग-अलग पुर्जों की आवाज आदि। इस तरह आवाजों के अंदर छिपी आवाजें भी सुनें।

4. ध्यान के दौरान आप कई तरह की आवाजें सुन सकते हैं। जैसे—लोगों की बातचीत, बरतनों के टकराने, बच्चों के खेलने, अलग-अलग वाहनों के हॉर्न व इंजन आदि की आवाजें। इसके साथ ही किसी के चलने की आवाज, टी.वी., टेप या रेडियो की आवाज, पक्षियों की आवाज, कुत्ते के भौंकने, लोगों के झगड़ने की आवाजें सुनाई दे सकती हैं। यही नहीं, आप और भी अलग-अलग तरह की आवाजें पहचान सकते हैं, जैसे—पानी के बहने की आवाज, सीटी बजने की आवाज या किसी के हँसने या रोने की आवाज आदि।

5. आस-पास कोई आवाज न हो तो 'मौन' की आवाज को अनुभव करें, नीरवता या नि:शब्दता को महसूस करें।

6. अपने आसपास की हर आवाज जानने की कोशिश करें। आप हवाई जहाज की आवाज सुनेंगे तो उसमें भी विविधता होती है, इसलिए सूक्ष्म-से-सूक्ष्म आवाज पकड़ने की कोशिश करें।

7. ध्यान के दौरान आपको अपने शरीर के भीतर की आवाज भी सुनाई दे सकती हैं, जैसे साँस की आवाज, हृदय की धड़कन की आवाज आदि।

8. पाँच अलग-अलग तरह की आवाजें पहचानने के बाद धीरे से आँखें खोल लें।

9. हर हफ्ते आवाजों की संख्या जरूर बढ़ाएँ।

इस ध्यान के दौरान निम्न बातों का खयाल रखें :

1. हो सकता है इस ध्यान की शुरुआती अवस्था में आपको आवाजें न सुनाई दें। ऐसे समय मन को इधर-उधर भटकने न दें। सारा ध्यान इसी बात पर केंद्रित करें कि हर परिस्थिति में आपको आवाजें सुनना ही है।

2. ध्यान के समय कुछ आवाजें पहचानने के बाद विचारों में खो जाने की संभावना है। अगर ऐसा हुआ तो तुरंत विचारों से बाहर आएँ और अपना ध्यान आवाजों की ओर लगाएँ।

3. इस ध्यान के समय अगर आस-पास आपके परिचित बैठे हों और आपसे संबंधित ही बातचीत चल रही हो तो पूरे समय आपको सिर्फ उनकी आवाजें सुनाई देंगी और बाकी आवाजें सुनना आप भूल जाएँगे। ऐसी अवस्था में या तो ध्यान की जगह

में परिवर्तन करें या उनकी बातों को सिर्फ आवाज के रूप में पहचानकर बाकी आवाजें सुनने की कोशिश करें।

21

साँस-ध्यान

शरीर में चलनेवाली साँस जीवन का संकेत होती है। हम बेहतर तरीके से जीवन जी सकें, इसके लिए साँस लेने और छोड़ने की तरह-तरह की विधियाँ बताई जाती हैं। कई बार उनका संबंध अध्यात्म और आत्मसाक्षात्कार से भी जोड़ा जाता है। इन सारी विधियों के बीच आप यह समझ जरूर रखें कि साँस शरीर से जुड़ी होती है और उस पर कार्य करने से स्वास्थ्य प्राप्त हो सकता है। असली अध्यात्म सिर्फ साँस पर नियंत्रण पाना नहीं है, बल्कि उससे बहुत अलग है। यहाँ पर साँस ध्यान की विधि समझते हुए एकाग्रता बढ़ाने का लक्ष्य रखें।

ध्यान विधि :

1. ध्यान की स्थिति और मुद्रा में बैठें।
2. एक-दो बार लंबी साँस लेकर धीरे-धीरे छोड़ें और स्वयं को आराम अवस्था में लाएँ।
3. आपकी साँस जिस तरह चल रही है, चलने दें। साँस छोटी हो या गहरी, उसे सहज-स्वाभाविक चलने दें। अगर आप साँस को नियंत्रित करने लग जाएँगे तो वह ध्यान नहीं, बल्कि प्राणायाम हो जाएगा।
4. साँस अंदर जा रही है या बाहर आ रही है, यह जानते रहें··· । अब अंदर गई··· अब बाहर आई··· दाईं नासिका से··· बाईं नासिका से··· या दोनों से आदि। साँस की हर

दिशा और अवस्था (ठंडी या गरम) को जानते रहें।

5. अपनी सुविधानुसार 20 से 45 मिनट तक इस ध्यान का अभ्यास करें। कुछ समय बाद जब आप इस ध्यान में प्रवीण हो जाएँ, तब साँस के अंतराल का ध्यान करें।

ध्यान के दौरान प्रकट होनेवाली अवस्थाएँ :

1. ध्यान करते वक्त आप कुछ समय के बाद साँस पर ध्यान देने के बजाय अपने विचारों पर चले जाएँगे। ऐसा हो तो तुरंत साँस पर ध्यान वापस लाएँ। ध्यान की शुरुआत में ऐसी अवस्था आने की संभावना है। इस अवस्था में न अटकते हुए साँस का ध्यान जारी रखें। निरंतरता रखने से ही आप इस ध्यान में निपुण बन पाएँगे।

2. ध्यान के दौरान आपको अपनी पसंदीदा आवाजें जैसे, किसी गीत की धुन, कोयल की कूक तो आप उसी आवाज के पीछे जा सकते हैं। इस ध्यान में आपको किसी भी आवाज के पीछे न जाते हुए सिर्फ और सिर्फ साँस पर ध्यान देना है।

3. ध्यान के दौरान आप अपनी साँस के बारे में आश्चर्यजनक बातें जान पाएँगे। अगर साँस छोटी है तो हो सकता है आप उसे लंबी करने की कोशिश करेंगे। मगर ऐसा न करें, क्योंकि यह साँस ध्यान है, प्राणायाम नहीं। प्राणायाम वह प्रक्रिया होती है, जिसमें आप साँस को दिशा देते हैं। साँस को दिशा देने और स्वास्थ्य पाने के लिए प्राणायाम करें और साँस ध्यान में केवल साँस का ध्यान करें, उसे दिशा देने की कोशिश न करें।

22

उलटे नाम का ध्यान

ध्यान विधि :

1. आँखें बंद करें। ध्यान अवस्था व मुद्रा में बैठ जाएँ।

2. इस ध्यान में नामों का उलटा उच्चारण करने की कोशिश करें। जैसे बंद आँखों से मन-ही-मन 'रेखा' नाम के अक्षरों को उलटा पढ़ने की कोशिश करें। ऐसा करने के बाद रेखा नाम 'खारे' बनेगा।

3. उसके बाद अपने हर परिचित के नाम को उलटा पढ़ने की कोशिश करें।

4. इस ध्यान को संपूर्ण एकाग्रता के साथ करें वरना आपके लिए यह मुश्किल होगा।

5. इस ध्यान के नियमित अभ्यास से आपकी एकाग्रता बढ़ेगी; जो आगे चलकर, मनन और ध्यान की गहराइयों तक पहुँचने में आपकी मदद करेगी।

ध्यान के दौरान खयाल रखें :

1. कुछ लोगों को यह ध्यान, ध्यान नहीं, बल्कि खेल लगने की संभावना है। हकीकत में यह एकाग्रता बढ़ाने की एक विधि है, जिसका उद्देश्य आपके मन को ध्यान के समय में एकाग्रित करना है, इसलिए इसे खेल न समझें।

2. नामों के उलट-पलट से आपके मन को कभी अच्छा लगेगा तो कभी बुरा, मगर ध्यान के दौरान अच्छे-बुरे का कोई लेबल न लगाते हुए नामों को उलटा पढ़ते रहें।

23

भ्रमण ध्यान

अब तक आपने बैठक अवस्थावाले ध्यान सीखे। इसके विपरीत भ्रमण ध्यान आपको चलते हुए करना है। यह ध्यान आप कहीं भी चलते हुए आसानी से कर सकते हैं। इसकी विधि आपको साधारण लगेगी, मगर इसके कई लाभ हैं। आइए, इस लाभकारी ध्यान की विधि जानते हैं।

ध्यान विधि :

1. पैदल चलते वक्त सामान्य साँस लें।

2. साँस लेते वक्त मन में दोहराएँ, 'इन (अंदर) 2-3-4 (यानी 4 की गिनती तक साँस अंदर लेते रहें) और आउट (बाहर) 2-3-4'(यानी 4 की गिनती तक साँस बाहर छोड़ते रहें)।

   साँस अंदर लेते वक्त 'अंदर' (In) शब्द कहें और बाहर छोड़ते वक्त 'बाहर' (out) शब्द कहें। साँस अंदर लेते वक्त आपको 1 बोलने के लिए नहीं कहा क्योंकि अंदर (In) कहने में ही एक की गिनती हो जाती है। जब आप बाहर (out) कहेंगे तब उसके साथ 1 की गिनती हो जाती है, इसलिए बाहर के बाद 2, 3 और 4 कहें। यानी इस तरह अंदर 2, 3, 4··· बाहर 2, 3, 4··· अंदर 2, 3, 4··· बाहर 2, 3, 4··· गिनते हुए चलते रहें। ऐसे में सुबह की सैर (मॉर्निंग वॉक) के साथ आपका ध्यान भी हो जाएगा।

3. इस ध्यान में सिर्फ 2, 3, 4 साँस तक ही गिनती जरूरी है, ऐसा नहीं है, बल्कि आपकी साँस और लंबी हो तो आप 5, 6, 7 तक भी गिनती कर सकते हैं। अगर आपकी साँस छोटी है तो 'अंदर 2··· बाहर 2' कहें। मन एकाग्र होने पर आप यह ध्यान प्रयोग सही तरीके से कर पाएँगे।

4. ध्यान रहे अंदर और बाहर बोलते वक्त एक लय हो यानी आपकी साँस और पैदल चलने में लयबद्धता हो।
5. जिस रास्ते पर आपको कोई दिक्कत या बाधा न हो, उसे इस ध्यान प्रयोग के लिए चुनें, ताकि आपका पूरा ध्यान गिनती पर हो।
6. गिनती के दौरान अगर आपकी कड़ी टूट जाती है तो आप दोबारा गिनती शुरू कर सकते हैं। लगातार अभ्यास ही इस ध्यान की सफलता की कुंजी है।

कहीं जाते वक्त काफी दूर पर सामने खंभा हो तो वहाँ तक जाते हुए आप यह ध्यान कर सकते हैं। यह ध्यान साँस की लयबद्धता और कदमों पर ध्यान देते हुए करें। आपकी साँस कब अंदर आ रही है और कब बाहर जा रही है, इस पर ध्यान दें। ध्यान के दौरान आप महसूस करेंगे कि आपके सारे विचार गायब हो गए हैं।

आगे बताई गई कुछ परिस्थितियों में आप इस ध्यान का लाभ ले सकते हैं :

1. इंटरव्यू के लिए जाते समय अगर आपको घबराहट हो तो आप यह ध्यान कर सकते हैं। इसकी मदद से आप आत्मविश्वास के साथ चलते हुए बाहर प्रतीक्षाकक्ष से इंटरव्यूकक्ष तक पहुँच पाएँगे।

   आपको देखनेवाला कोई इनसान इस बात को भाँप भी नहीं पाएगा कि आप भ्रमण ध्यान कर रहे हैं। देखनेवाला यही सोचेगा, 'वाह! कितना प्रभावी व्यक्तित्व है! कितना आत्मविश्वास है!' लोगों के बीच होने पर कई बार आपमें डर के विचार आने की आशंका होती है, जैसे 'अब क्या होगा··· लोग मुझे देख रहे हैं··· यह क्या हो रहा है?' ऐसे

विचारों से आप डर जाते हैं, मगर उस वक्त आपमें एकाग्रता की यह कला होगी तो ऐसे विचारों की तरफ आपका अंशमात्र भी ध्यान नहीं जाएगा। आपके अंदर डर के विचार थे, यह किसी को पता भी नहीं चलेगा।

2. कई लोग पार्टी में जाने से कतराते हैं। उन्हें ज्यादा लोगों के बीच असहजता महसूस होती है। पुरस्कार मिलने के बावजूद लोग मंच पर पुरस्कार ग्रहण करने के लिए जाने से डरते हैं। ऐसे मौकों पर भ्रमण ध्यान का इस्तेमाल करते हुए आत्मविश्वास के साथ पार्टी में या मंच पर जरूर जाएँ।

3. विद्यार्थी भी इस ध्यान का लाभ ले सकते हैं। पढ़ाई करते वक्त अगर बहुत सारे विचार परेशान करते हैं तो 2-3 मिनट आँखें बंद करके, अपनी साँस को जानें। इस ध्यान का सबसे महत्त्वपूर्ण नियम यही है कि इसके दौरान साँस सहजता से चलनी चाहिए। अगर आप साँस को अपने कदमों के अनुसार बनाए रखने की कोशिश करेंगे तो वह फूलने लगेगी। 'भ्रमण-ध्यान' के दौरान साँस फूलने का यह एक कारण हो सकता है। अगर आप यह ध्यान पहली बार कर रहे हैं तो आपकी साँस का फूलना स्वाभाविक है, लेकिन धीरे-धीरे अभ्यास से यह समस्या भी खत्म हो जाएगी और आप सहजता से लयबद्ध तरीके से यह ध्यान कर पाएँगे।

केवल इन परिस्थितियों में ही नहीं, बल्कि अपनी इच्छा के अनुसार आप किसी भी स्थान और समय पर इस ध्यान का प्रयोग कर सकते हैं। यह ध्यान करने से पहले ध्यान विधि गौर से पढ़ें ताकि इसे आप अच्छी तरह समझ पाएँ। ध्यान के लगातार प्रयोग के बाद आप जानने लगेंगे कि इसका उपयोग कहाँ और कैसे करना है। यह ध्यान सही ढंग से सीख लेने के बाद

आप जीवनभर इसका लाभ ले सकते हैं।

यह ध्यान एकाग्रता बढ़ाने के लिए बहुत महत्त्वपूर्ण है। यहाँ इस ध्यान की एक झलक प्रस्तुत की गई है। रोज कम-से-कम एक बार इसका प्रयोग जरूर करें और उसे सही ढंग से जीवन में उतारें।

24 शरीर निरीक्षण ध्यान

शरीर निरीक्षण ध्यान में आप देखें कि आपके शरीर में क्या-क्या होता है। शरीर में होनेवाली सारी संवेदनाओं और भावनाओं के बारे में आप इस ध्यान के जरिए जान पाएँगे। आइए, शरीर की विस्तार से जानकारी देनेवाले इस ध्यान की विधि जानते हैं।

ध्यान विधि :

1. ध्यान, अवस्था और अपनी चुनी हुई मुद्रा में बैठ जाएँ। शरीर को स्थिर रखने का संकल्प लें।

2. कम-से-कम 15 मिनट या इससे ज्यादा देर तक अपने शरीर की सभी संवेदनाओं को देखें। जरूरी नहीं है कि आप उन्हें किसी विशेष क्रम से ही देखें। आपको पता चलेगा कि शरीर में कहीं भारीपन होगा तो कहीं घर्षण की भावना होगी तो कहीं दुःख होगा। इन सभी संवेदनाओं को सिर्फ एक दर्शक के रूप में देखें।

3. 10 मिनट से ज्यादा ध्यान में बैठने के बाद आपको पैर हिलाने या पीठ सीधी करने या चेहरे पर खुजली की तीव्र इच्छा होगी। इनमें से कुछ भी न करते हुए सिर्फ संवेदनाओं को देखें। अगर आपने देखना जारी रखा तो ये संवेदनाएँ खुद-ब-खुद गायब हो जाएँगी।

4. ध्यान के दौरान अगर आपका मन इन संवेदनाओं को

देखने के अलावा किसी अन्य दिशा में जाने लगे तो फिर से संवेदनाएँ देखें। सिर से पैर तक हर अंग की संवेदनाएँ अपनी सुविधा के अनुसार देखें। अगर आपको ऐसा करने में सुविधा महसूस नहीं होती तो आप किसी भी क्रम से शरीर की संवेदनाओं को देख सकते हैं।

इस ध्यान में अत्यधिक एकाग्रता की आवश्यकता है। अगर आप साँस-ध्यान करते हैं तो यह ध्यान करने में आपको आसानी महसूस होगी।

इस ध्यान के दौरान खयाल रखें :

1. हो सकता है ध्यान की शुरुआत के कुछ मिनटों में आपको पता चले कि आपके शरीर के किसी अंग में असहनीय दर्द हो रहा है। जैसे आपको महसूस हुआ कि आपकी कमर में इतना ज्यादा दर्द हो रहा है कि आप बैठ नहीं सकते। अगर आपको पहले से ही कमरदर्द की समस्या है तो इस बात का खयाल रखते हुए अपना आसन चुनें और यह ध्यान करें। हमेशा याद रखें कि ध्यान की शुरुआत करने के बाद आपको सिर्फ संवेदनाओं को देखना है, उन्हें रोकने के लिए कोई भी क्रिया नहीं करना है।
2. ध्यान के दौरान अगर आपको किसी अनजाने दर्द के बारे में पता चले और वह दर्द रोज महसूस होने लगे तो डॉक्टर की सलाह जरूर लें। इस उम्मीद में डॉक्टरी सलाह को नजरअंदाज न करें कि केवल ध्यान से दर्द चला जाएगा।
3. शरीर पर होनेवाली संवेदनाओं को जानते हुए आपका मन भूतकाल या भविष्यकाल में भटकने की पूरी संभावना

है। मन भटक जाए तो उसे तुरंत वर्तमान में लाएँ और फिर से साक्षीभाव से सारी संवेदनाएँ देखना शुरू करें।

4. कुछ दिनों तक यह ध्यान करने के बाद आपको आलस्य या बोरडम महसूस हो सकता है। हमेशा याद रखें कि आलस्य ध्यान का सबसे बड़ा दुश्मन है। इसे कभी स्वयं पर हावी न होने दें।

यह ध्यान शरीर पर नियंत्रण और एकाग्रता बढ़ाने के लिए बहुत ही प्रभावी है। इस ध्यान के कई अदृश्य लाभ हैं, जो इसे लगातार कुछ दिनों तक दोहराने से आपके सामने आने लगेंगे, इसलिए हर रोज यह ध्यान करते हुए इसका पूरा लाभ लें।

25 तेजम् मंत्र-ध्यान

यह ध्यान 'मंत्र-ध्यान' के अंतर्गत आता है। इसके बारे में जानने से पहले मंत्र ध्यान क्या है, यह समझें।

आज विश्व में कई लोग मंत्रों की मदद से ध्यान प्रयोग करते हैं। मंत्र-ध्यान में एक शब्द या वाक्य मन में लगातार दोहराया जाता है। लगातार दोहराने से कुछ समय बाद ध्यान करनेवाले का मन उसी वाक्य या मंत्र पर स्थिर होने लगता है। कुछ लोग जिस ईश्वर में विश्वास रखते हैं, उनका नाम मंत्र के रूप में लेते हैं। वे लोग अपने भगवान् का नाम पूरी भक्ति से दोहराते हैं। मंत्र-ध्यान और एक तरीके से भी किया जा सकता है, जिसमें उच्च तरंग के किसी शब्द को दोहराया जाता है, जैसे 'ॐ।' कुछ लोग इन उच्च तरंग के शब्दों का उपयोग भगवान् के नाम के साथ करते हैं। ऐसा करने से उन्हें शक्ति और भक्ति दोनों का लाभ मिलता है, जैसे 'ॐ नमः शिवाय' मंत्र दोहराना।

'तेजम्' मंत्र-ध्यान में आप 'तेजम्' शब्द का उपयोग उच्च चेतना के अनुसार ही नहीं, बल्कि समझ और भक्ति के साथ करते हैं। 'तेजम्' शब्द का अर्थ है सर्वव्यापी मैं, असली मैं, स्वसाक्षी और चेतना। इसी बात को अलग शब्दों में इस तरह कहा जा सकता है कि जब आप मन-ही-मन 'तेजम्' शब्द का उच्चारण करते हैं तो आप कहते हैं 'मैं हूँ।' 'मैं हूँ' के अनुभव के साथ जब आप 'तेजम्' शब्द दोहराते हैं, तब स्वसाक्षी स्वयं पर लौटता है। 'तेजम्' मंत्र-ध्यान में आप हकीकत में कौन हैं, इसी बात पर आपका ध्यान चलता है। आइए, स्वयं की वास्तविकता दिखानेवाले इस ध्यान की विधि को जानते हैं।

ध्यान विधि :

1. अपनी आँखें बंद करें, ध्यान-अवस्था और अपनी चुनी हुई मुद्रा में बैठ जाएँ।
2. मन में 'तेजम्' शब्द बार-बार शांति और प्रेम के साथ दोहराएँ।
3. 'तेजम्' शब्द के अलावा अगर मन कहीं और जाने लगे तो उसे वापस लाएँ व ध्यान जारी रखें।

'तेजम्' मंत्र ध्यान आपको अपने होने के, स्वयं के अस्तित्व के बारे में बताता है। आपने आज तक बहुत सारे अनुभव लिये होंगे, मगर क्या आपने कभी अपने होने का एहसास किया है ? क्या आपको कभी उस अनुभव का स्वाद मिला है, जो सिर्फ आपके होने की वजह से होता है, किसी और कारण नहीं। ये सारी बातें आपको 'तेजम्' मंत्र-ध्यान से अनुभव के स्तर पर समझ में आएँगी। जरूरत है सिर्फ निरंतरता, समझ और भक्ति से यह ध्यान करने की।

इस ध्यान के बहुत सारे लाभ हैं। यह न सिर्फ आपकी एकाग्रता बढ़ाता है, बल्कि आपको न-मन स्थिति की ओर भी ले जाता है। अगर आपका मन हमेशा 'नकली मैं' में उलझता हो तो इस ध्यान की वजह से वह 'असली मैं' के सामने समर्पित हो जाएगा। अत: यह ध्यान भक्ति, चेतना और समझ का बेहतरीन संयोग है।

भाग

4

ध्यान के लाभ

26

दो मिनट मनन करें / ज्ञान मनन - ध्यान

1. स्वयं को शरीर मानकर स्वाद में न उलझें। क्या आप भूल गए हैं कि 'शरीर को इसलिए खाना खिलाना है, ताकि वह आपकी अभिव्यक्ति करता रहे ?'

2. 'एकाग्रता है 'मन का व्यायाम' और ध्यान है, 'मन का आराम।'

   दिनभर के कार्यों के बाद मन थक जाता है तब उसे शरीर की तरह आराम की जरूरत होती है, मगर वह चुप नहीं बैठता।

   इस अवस्था में ध्यान करने से उसे तनावरहित आराम मिलता है।'

3. मुझे 'मौन' पसंद है, क्योंकि ···

   क्योंकि 'मौन' स्वस्थ यानी स्व में स्थापित करता है।

   क्योंकि 'मौन' मुझे ईश्वर से एकरूप करता है।

   क्योंकि 'मौन' में यह समझ मिलती है कि शरीर का अनुभव और अपने होने का अनुभव अलग है।

4. मुझे मौन पसंद है, क्योंकि (लिखें) ························

   ···

   ···

   ···

   ···

एक लिखित अभ्यास

ध्यान से मिलनेवाले लाभों की समझ

ध्यान की बदौलत कौन से लाभ मिलते हैं, इस बारे में लिखें। जैसे, ध्यान से शांति मिलती है, एकाग्रता बढ़ती है आदि। इसी तरह आपके मुताबिक ध्यान से कौन से लाभ हो सकते हैं, इस बारे में विस्तार से यहाँ लिखें :

....

....

....

....

....

....

....

....

....

....

....

....

....

....

....

....

....

....

....

....

....

....

ध्यान में विष भी अमृत बन जाता है

संत सुकरात के बारे में सभी जानते हैं। धर्म के विरुद्ध कार्य करने का इल्जाम लगाकर, उस वक्त के पंडितों ने उन्हें जहर खिलाने की सजा सुनाई। सजा के मुताबिक सुकरात को जहर खिलाया गया, लेकिन उन पर जहर का असर कैसे हुआ, यह जानने लायक राज है। दरअसल, सुकरात अपने समय के महान् संतों में शुमार किए जाते हैं। उन्होंने विष को मनन के माध्यम के रूप में बदल दिया। जैसे ही विष ने उनके शरीर पर असर करना शुरू किया, धीरे-धीरे उनके पैरों ने काम करना बंद कर दिया और लकवे का असर उनके हृदय और सिर की तरफ बढ़ने लगा। शरीर में हो रहे इन बड़े परिवर्तनों के बावजूद वे शांत बने रहे। उन्होंने तय किया था कि विष का प्रभाव शरीर पर कैसे होता है, उसे वे ज्यों का त्यों बयान करेंगे। शरीर में हो रहे हर परिवर्तन और दर्द के बावजूद अपने निर्णय पर अडिग सुकरात अंतिम समय तक अपनी स्थिति बयान करते रहे।

संत सुकरात की मिसाल से समझें कि इनसान किस हद तक ध्यान में लीन हो सकता है। सुकरात स्वयं के शरीर को मरते हुए देख रहे थे और उस मृत्यु को अद्भुत अनुभव के रूप में देख रहे थे। वे मृत्यु का हर अनुभव जल्द-से-जल्द लेने के लिए बेताब थे। उन्होंने हलाहल गटकने को इस तरह स्वीकार किया कि वह भी उनके लिए ध्यान का साधन बना। विष भी सुकरात को भीतर से घायल नहीं कर पाया, विष पीने के बावजूद उनकी आंतरिक अवस्था स्थिर रही। उनका शरीर मर रहा था, लेकिन मृत्यु की वजह से उनकी आंतरिक अवस्था में, अपने होने के एहसास में कोई परिवर्तन नहीं हुआ। वे अंदर से जैसे थे, वैसे ही रहे।

आंतरिक अवस्था में परिवर्तन न हो

ईसामसीह को भी बाहर से बहुत सारे घाव दिए गए, चोट पहुँचाई गई, लेकिन उन्हें भीतर से कोई घायल नहीं कर पाया। अंदर से घायल होने का अर्थ है आंतरिक अवस्था में परिवर्तन होना। बाहर की चोटों का कोई प्रभाव

उनकी आंतरिक अवस्था पर नहीं हुआ। जिस इनसान का ध्यान प्रशिक्षित होता है और स्वध्यान (ईश्वर, अल्लाह, साक्षी, सेल्फ) पर लौट आता है, उसकी आंतरिक अवस्था पर बाहरी चोटों का कोई असर नहीं होता।

साधारण इनसान और ऐसे लोगों में फर्क होता है। साधारण इनसान बाहरी चोटों से तत्काल प्रभावित हो जाता है। जैसे—किसी दुर्घटना में उसके हाथ या पैर जख्मी हुए तो उसकी आंतरिक अवस्था बदल जाती है। साधारण इनसान बाहर से दिखाई देनेवाले घावों से स्वयं को सुरक्षित रखने की कोशिश करता है। जो चोट इनसान को भीतर से लगती है, उसकी तरफ वह ध्यान नहीं देता, क्योंकि वह अदृश्य होती है।

जैसे बाहर से शिक्षित और परिपक्व दिखाई देनेवाला इनसान अंदर से गुस्से में उबलनेवाला, द्वेष और अहंकार से भरा हो सकता है। इन्हीं आंतरिक भावनाओं की वजह से वह जीवन से मिलनेवाले आनंद से वंचित रह जाता है। उसे हमेशा अपनी हत्या या पद के खो जाने का डर सताता है। ऐसे इनसान को बाहर से अपने घाव दिखाई नहीं देते, क्योंकि उसके जख्म अंदरूनी होते हैं।

इस उदाहरण से समझें कि किसी भी अंदरूनी बीमारी के इलाज के बारे में इनसान सोचता नहीं है। अंदरूनी जख्मों के इलाज के बारे में लोग उसे बताते भी नहीं। अगर कोई इनसान अपने अंदरूनी जख्मों का इलाज करवाए तो बाकी लोगों को यह बात भी दिखाई नहीं देती कि उसने अपने अंदरूनी जख्मों का इलाज करवाया है। लोग दूसरों को पागलों की तरह सत्ता और पद के पीछे भागते हुए देखते हैं और वे खुद भी उस दौड़ में शामिल हो जाते हैं। यह भागदौड़ रुकनी चाहिए, ऐसा विचार भी लोगों को नहीं आता।

इनसान के अंदरूनी जख्म भरने का बेहतरीन इलाज है ध्यान। ध्यान की शक्ति से इनसान का हर जख्म भर सकता है और उसे पृथ्वी के अंतिम सत्य की पहचान हो सकती है। ध्यान के अलग-अलग लाभों में से यह एक प्रमुख लाभ है। यहाँ ध्यान के कुछ और लाभ दिए गए हैं—

ध्यान के प्रमुख लाभ

1. निर्णय लेने की क्षमता बढ़ती है।
2. विचारों और शरीर के प्रति आसक्ति टूटती है।
3. संवेदनशीलता बढ़ती है।
4. मन के आवेगों और भावनाओं पर बेहतर नियंत्रण रहता है।
5. काम करने की क्षमता में वृद्धि होती है।
6. एकाग्रता और स्मरण शक्ति बेहतर होती है।
7. मन वर्तमान में रहने लगता है। (Present Mindedness)
8. जागरूकता बढ़ती है।
9. कार्य करने की ऊर्जा का स्तर बढ़ता है।
10. समस्याओं को सुलझाने की शक्ति बढ़ जाती है।
11. मौन का आनंद लेने की सीख मिलती है।
12. संपूर्ण आराम मिलता है और शरीर व मन का स्वास्थ्य बेहतर बनता है।

स्तर

संकल्प शक्ति

1 अवधान
मन को स्थिर तथा तनावमुक्त करने के उपाय

2 मनन
मनन के लिए तकनीक

3 एकाग्रता
मन को एकाग्रित करने के उपाय

4 **संकल्प शक्ति**
संकल्पशक्ति बढ़ाने के लिए अभ्यास ✓

5 उच्चतम चैतन्य
स्वध्यान

27

दो मिनट मनन करें/ज्ञान मनन - ध्यान

1. क्या आप भूल गए हैं कि 'भक्ति की शक्ति से हर वृत्ति से मुक्ति मिल सकती है ?'

2. 'आप यकीन करते हैं कि मेरी त्वचा (skin) के भीतर जो है, वह 'मैं' हूँ और त्वचा के बाहर जो है, वह 'मैं' नहीं। ध्यान आपके इस यकीन को तोड़ता है।'

3. मुझे 'मौन' पसंद है, क्योंकि ···

   क्योंकि 'मौन' में 'मैं शरीर नहीं हूँ' इस बात की दृढता बढ़ती है।

   क्योंकि 'मौन' विचारों से अलग होने की कला सिखाता है।

   क्योंकि शब्दों में जो ज्ञान सुना जाता है, 'मौन' में उसका अनुभव किया जाता है।

4. मुझे मौन पसंद है, क्योंकि (लिखें) ....
   ....
   ....
   ....
   ....
   ....
   ....

मन अच्छा नौकर है, लेकिन बहुत बुरा मालिक है। हर इनसान के भीतर एक जंगली और पागल मन होता है। अपने मन पर नियंत्रण रखना और उसका मालिक बनना बहुत जरूरी है, मगर यह कैसे करना है, यह बहुत कम लोग जानते हैं। मन इच्छाओं से भरे साँप की तरह होता है। एक इच्छा पूरी होती नहीं कि दूसरी प्रकट हो जाती है। मन की इस फितरत को समझते हुए, कोई इच्छा मन में जागने पर उसे तुरंत पूरी करने की कोशिश न करें। ऐसे समय अपनी बुद्धि का इस्तेमाल करें और कुछ समय तक उसे संयम रखते हुए रोकें। इसके बाद इच्छा को पूर्ण करना या त्याग देना आप पर निर्भर करता है। आत्मसंयम बढ़ाने का यह प्रयोग कुछ इच्छाओं के साथ जरूर करके देखें।

शुरुआत में इच्छा जाग्रत् होने और इसे पूरी करने के अंतराल में आप कुछ वक्त तक इंतजार करेंगे तो आपको इच्छाओं पर नियंत्रण पाने में मदद मिलेगी। ऐसा करने से आपका आत्मसंयम बढ़ जाएगा। इच्छा को कुछ समय तक रोकने से आपके आत्मविश्वास में भी वृद्धि होगी। आप मन के गुलाम नहीं बनेंगे और ये ही इच्छाएँ आपकी संकल्प शक्ति बढ़ाने में आपकी मदद करेंगी। यहाँ आगे संकल्पशक्ति बढ़ाने की 11 अलग-अलग ध्यान विधियाँ बताई गई हैं, जिन्हें अपनाकर आप इच्छाओं को अपने बस में कर सकते हैं। इन्हें सही तरीके से समझें और हर रोज अभ्यास करें।

28 संकल्पशक्ति बढ़ाने के लिए ध्यान विधियाँ

आत्मसंयम ध्यान

इस ध्यान में आपको अपना आत्मसंयम बढ़ाने के लिए कुछ करने या न करने का निर्णय लेना है और उसे पूरा करना है। यह आँखें बंद करके किया जानेवाला ध्यान नहीं है, बल्कि घटनाओं के दौरान आपको आत्मसंयम ध्यान करना है। इस ध्यान को समझने के लिए बतौर उदाहरण कुछ घटनाएँ यहाँ दी जा रही हैं। इन्हें समझते हुए आगे बढ़ें।

ध्यान के लिए कुछ घटनाएँ :

1. खाना खाते वक्त आपकी थाली में दो गुलाबजामुन हैं। इनमें से एक आप खा चुके हैं। इस वक्त आप आत्मसंयम ध्यान कर सकते हैं और दूसरा गुलाबजामुन थाली में छोड़कर खाना खत्म कर सकते हैं। हालाँकि गुलाबजामुन बहुत लजीज हैं और आपको पसंद हैं, मगर आत्मसंयम बढ़ाने के लिए आपने दूसरा गुलाबजामुन नहीं खाया और स्वयं को रोके रखा।

2. टी.वी. पर क्रिकेट मैच चल रहा है और वह बहुत ही रोमांचक मोड़ पर आ गया है। आत्मसंयम ध्यान करते हुए मैच को उसी वक्त छोड़कर कमरे से बाहर जाएँ। अपनी पसंदीदा घटना में भी आपको यह ध्यान जरूर करना है, ताकि मन पर आपका नियंत्रण बढ़ पाए।

3. अच्छी खबर सुनने के बाद खुशी से झूमने के बजाय शांत रहते हुए सामनेवाले की बातें सुनें और उसे धन्यवाद दें।

4. बिना पूछे सलाह देने की इच्छा को तुरंत रोकें और शांत बनकर पूरी बात सुनते रहें।

5. किसी की टाँग खींचने की या उसे ताना मारने या उसका मजाक उड़ाने की इच्छा हो तो उसे तुरंत रोकें।

6. रोज रात को सोने से पहले स्वयं से पूछें, 'मैं एक और कौन सा कार्य कर सकता हूँ?' और उस कार्य को जरूर पूरा करें। आत्मसंयम बढ़ाने के लिए यह बेहतरीन तकनीक है। हालाँकि उस वक्त मन आनाकानी करेगा और कहेगा, 'इस समय कोई कार्य कैसे किया जा सकता है? यह तो सोने का समय है? वगैरह-वगैरह।' फिर भी आपको एक कार्य चुनकर उसे जरूर पूरा करना है। समय का खयाल

रखते हुए तथा व्यावहारिक ज्ञान का इस्तेमाल करते हुए कार्य चुनें और उसे पूरा करें।

7. आत्मसंयम बढ़ाने और आलस्य मिटाने के लिए किसी दिन एक या दो नए कार्यों की शुरुआत करें, जो आपको लगता है कि दूसरे दिन भी किए जा सकते हैं।

8. अपने डर को चुनौती देने के लिए किसी अनजान व्यक्ति से बात करें या कहीं पर भाषण देने का निमंत्रण स्वीकार करें। हो सकता है ये कार्य करते हुए मन को असुरक्षित या अस्वस्थ लगे, मगर ये चुनौतियाँ आपका विश्वास और आत्मसंयम बढ़ाने में चार चाँद लगाएँगी।

9. आत्मसंयम बढ़ाने के लिए किसी कार्यक्रम या सेमिनार के आयोजन की जिम्मेदारी लें। ऐसे मौके आपका आत्मसंयम बढ़ाने का सुनहरा अवसर हैं।

आत्मसंयम ध्यान किन जगहों, घटनाओं और वातावरण में किया जा सकता है, इसके कुछ उदाहरण यहाँ आपने पढ़े। सुविधा के अनुसार आप यह ध्यान किसी भी समय और वातावरण में कर सकते हैं। अपने शरीर और मन की अवस्थाओं को पहचानते हुए कई तरह की अलग-अलग घटनाओं में इस ध्यान का प्रयोग किया जा सकता है। इसके जरिए आपके आत्मसंयम में वृद्धि होगी और आप सहजता से अपने मन के मालिक बन पाएँगे।

29 अंतराल ध्यान

अंतराल ध्यान साँस ध्यान के साथ या बाद में भी किया जा सकता है। इस ध्यान में आपको अपनी साँस पर कार्य करना है। आज की भाग-दौड़भरी जिंदगी में कोई भी व्यक्ति रुकना नहीं चाहता, मगर कई बार अंतराल में रुकने या उस पर ध्यान देने से आपकी क्षमता में अविश्वसनीय वृद्धि हो सकती है। आगे

अंतराल की पहचान, आपको सत्य के अनुभव को पहचानने में भी मदद कर सकती है, इसलिए इस ध्यान को महज ध्यान न समझते हुए सत्य प्राप्ति का मार्ग समझें और पूरी ईमानदारी से रोज जरूर करें। आइए, अंतिम सत्य के मार्ग पर ले जानेवाले ध्यान की विधि जानते हैं।

ध्यान विधि :

1. ध्यान की शुरुआत साँस ध्यान की तरह करें। प्रारंभ में अंदर आनेवाली और बाहर जानेवाली साँस को जानें।
2. कुछ समय साँस का निरीक्षण करने के बाद अब वह अंतराल ढूँढ़ें, जहाँ साँस न अंदर आती है, न बाहर जाती है। उसी अंतराल (पॉइंट) में मन एकाग्रित करें (Feel in the blank, don't Fill in the blank)।
3. साँस अंदर जाने के बाद भी कुछ समय तक रुकती है। उस अंतराल पर मन को एकाग्रित करने की कोशिश करें। ध्यान के दौरान यह ठान लें कि जब साँस अपनी दिशा बदलेगी, तब उस बिंदु पर आपका पूरा ध्यान होगा।
4. ध्यान के दौरान साधारण साँस चलने दें, अपनी ओर से साँस के नियंत्रण की कोशिश न करें। अगर आप किसी साँस में अंतराल नहीं पकड़ पाएँ तो फिक्र न करते हुए आनेवाली साँस पर ध्यान दें।
5. इनसान की साँस हमेशा चलती रहती है, इसलिए इस ध्यान में समय का कोई बंधन नहीं है। आप इस ध्यान का लाभ हर समय और जगह पर ले सकते हैं।

विधि पढ़ने के बाद यह ध्यान बहुत आसान लगता है, मगर इसकी सबसे महत्त्वपूर्ण बात यह है कि आपको स्वयं की साँस का कोई नियंत्रण नहीं करना है। अगर आप स्वयं की साँस को नियंत्रित करेंगे तो वह प्राणायाम की

विधि होगी, अंतराल ध्यान नहीं होगा। ध्यान के दौरान शुरुआत में आपको साँस पर नियंत्रण रखने की इच्छा हो सकती है, मगर इसके बावजूद साँस को सहजता से चलने दें।

30 कृतज्ञता ध्यान

हर इनसान के जीवन में कृतज्ञता का महत्त्व होता है। जिन बातों के लिए इनसान कृतज्ञता प्रकट करता है या उनका धन्यवाद देता है, वे उसके जीवन में स्वतः ही बढ़ने लगती हैं। कृतज्ञता ध्यान का महत्त्व इसी बात के लिए है कि जिस शरीर का आप इस्तेमाल करते हैं, उसे धन्यवाद देकर, आपकी शारीरिक और मानसिक अवस्था में बदलाव आएगा। आइए, शरीर के प्रति संवेदनशीलता बढ़ानेवाली ध्यान विधि को समझें।

ध्यान विधि :

1. दो से तीन मिनट के लिए आँखें बंद करें।
2. मन-ही-मन स्वयं की प्रतिमा देखें, अपने हमशक्ल की कल्पना करें। आपका हमशक्ल बिल्कुल आप जैसा है सिर्फ देख नहीं सकता।
3. अपने नेत्रहीन हमशक्ल की पूरी जीवनचर्या देखें। सुबह से रात तक वह जीवन कैसे गुजारता है, यह गौर से देखें। नेत्रहीनता की वजह से उसे कौन सी मुश्किलों का सामना करना पड़ता है, इसे महसूस करें। अपने हमशक्ल को आपका जीवन जीते हुए देखें।
4. इन सब बातों की कल्पना करते वक्त, हमशक्ल के सभी दुःखों को महसूस करें।
5. हमशक्ल की पीड़ाओं को देखने के बाद उसे आपके ध्यान

क्षेत्र से बाहर जाने दें। पीड़ा को महसूस करने के बाद आपका मन कृतज्ञता से भर उठेगा, क्योंकि आप महसूस करेंगे कि सिर्फ आँखों की बदौलत आप कितनी तकलीफों से बच गए हैं। आँखों की दौलत नवाजने के लिए ईश्वर को धन्यवाद दें।

6. दूसरे दिन यह ध्यान करते वक्त अपने हमशक्ल के बहरे होने की कल्पना करें। सुनने की शक्ति न होने से, उसे जो कष्ट होते हैं, उन्हें महसूस करें। उसके बाद कृतज्ञता से ईश्वर को श्रवण शक्ति की नियामत के लिए धन्यवाद दें। कृतज्ञता की यह भावना आपको संवेदनशील और ग्रहणशील बनाएगी। इस भावना के जरिए आप औरों की पीड़ाओं को समझेंगे।

जो वस्तु इनसान के पास चौबीसों घंटे मौजूद होती है, उसका मूल्य कई बार वह भूल जाता है। शरीर के साथ भी ऐसा ही है। इनसान के शरीर का हर अंग चौबीसों घंटों के लिए उपलब्ध रहता है, इसलिए वह उसका मूल्य, उपयोगिता और महत्त्व भूल जाता है। इस ध्यान के जरिए जब आप स्वयं के शरीर को धन्यवाद देंगे, तब आपको एक बार फिर महसूस होगा कि शरीर आपके लिए कौन से कार्य करता है और वह कितना अहम है। इतना ही नहीं, आप आसपास के लोग, वस्तुओं और घटनाओं का भी शुक्रिया अदा कर सकते हैं। इस ध्यान से आपमें धन्यवाद के भाव का उदय होगा, जो आपके लिए सबसे बड़ी उपलब्धि है।

ध्यान के दौरान रोज होनेवाली अलग-अलग कृपाओं पर मनन करें। मनन के दौरान आप महसूस कर पाएँगे कि जीवन में आप पर बहुत सी कृपा हो चुकी हैं। बिना मनन के हीरे भी कोयले की तरह होते हैं और हर पत्थर, मनन की शक्ति से तराशा हुआ हीरा बनने की संभावना रखता है।

31

तटस्थ ध्यान

विचारों के प्रति तटस्थ रहने का ध्यान तटस्थ ध्यान कहलाता है। इस ध्यान में आपको हर विचार के प्रति तटस्थ रहना है। आपको दु:ख की अवस्था में तो तटस्थ रहना ही है, आनंद की अवस्था में भी तटस्थ रहना है। आइए, जीवन का एक मुख्य पहलू उजागर करनेवाले इस ध्यान की विधि जानें।

ध्यान विधि :

1. यह ध्यान आपको बंद आँखों से भी करना है और खुली आँखों से भी।

2. बंद आँखों से ध्यान करते वक्त शुरुआत में अपने चुने हुए आसन पर ध्यान-अवस्था और मुद्रा में बैठें। स्वाभाविक साँस चलने दें।

3. ध्यान के दौरान अगर उदासी महसूस हो रही हो तो यह न कहें कि 'मैं उदास हूँ।' इसके बजाय यह कहें, 'मेरे मन से उदासी के विचार गुजर रहे हैं।' इस तरह इस ध्यान के दौरान आपको आनेवाले हर विचार को सिर्फ और सिर्फ तटस्थ होकर देखना है। कोई भी विचार आए, आपको यही कहना है कि अमुक विचार मेरे मन से गुजर रहा है। जब आप विचारों को टी.वी. पर चलते विज्ञापनों की पट्टी की तरह देख पाएँगे, तभी तटस्थ ध्यान संभव हो पाएगा।

4. ध्यान के दौरान आनेवाली आनंद की अवस्था में भी तटस्थ रहें। अगर आपको आनंद के विचार आ रहे हैं तो स्वयं से कहें, 'मेरे मन से खुशी के विचार गुजर रहे हैं।'

5. 'मैं खुश हूँ' या 'मैं उदास हूँ' वाक्यों का प्रयोग करने के बजाय दोनों अवस्थाओं में तटस्थ रहें। तटस्थता की अवस्था का महत्त्व बयान करने की वजह से इस ध्यान को 'तटस्थ ध्यान' कहा गया है।

दिनभर किसी भी अवस्था या समय पर आप इस ध्यान का अभ्यास कर सकते हैं। जब आपके मन में आलस्य आए या बोरियत महसूस हों, तब तटस्थ ध्यान जरूर करें। जब मन में किसी के प्रति नफरत के भाव पैदा हो, तब तटस्थ हो जाएँ और कहें, 'मेरे मन से इस वक्त नफरत या बोरियत के विचार गुजर रहे हैं।' ऐसा कभी न कहें कि 'मुझे बोरियत महसूस हो रही है··· मुझे गुस्सा आया है··· मैं दुःखी हूँ··· मैं बेचैन हूँ··· आदि।' हर अवस्था में संतुलित और अनासक्त रहने के लिए यह ध्यान बहुत उपयोगी है।

32

रिलैक्स बटन ध्यान

पहले पायदान पर इस ध्यान के बारे में सही जानकारी पाएँ। इस ध्यान में ऐसी प्रोग्रामिंग करें कि जब भी अँगूठे और तर्जनी को मिलाएँ (👌) तो आराम या ध्यान की अवस्था प्राप्त हो सके। इससे तनाव आने पर केवल मुद्रा (👌) के प्रयोग से आप तुरंत तनावमुक्त हो सकते हैं। अगर आपके शरीर को आदत है कि आप घंटों तर्जनी और अँगूठे को मिलाकर ध्यान करते हैं तो आपके शरीर पर इस मुद्रा की सूचना (सिग्नल) तुरंत असर करेगी। जब आप किसी विशेष मुद्रा या भाव-दशा में जाना चाहते हैं तो तर्जनी और अँगूठे को मिलाने से आपके भीतर सहजता से वैसे ही भाव प्रकट होने लगेंगे।

आप मंदिर जाते हैं और भगवान् के सामने हाथ जोड़ते हैं, तब आपके मन में कौन से भाव उत्पन्न होते हैं? इस वक्त भी आप यह प्रयोग कर सकते हैं। प्रयोग में सबसे पहले अपने मन की अवस्था जरूर जाँच लें। उसके बाद हाथ जोड़ें और जिस तरह आप मंदिर (चर्च, मसजिद, गुरुद्वारा या किसी

भी प्रार्थना-स्थल) में भगवान् के सामने अपना शीश नवाते हैं, वैसे ही नमन करें। ऐसा करने से आप महसूस करेंगे कि आपके भाव बदल गए हैं। मंदिर में आपके भाव जैसे होते हैं, वैसे ही भाव केवल मुद्रा की सहायता से आपके मन में प्रकट होने लगेंगे।

इस उदाहरण से आप जान पाएँगे कि आपका मन हर विशेष मुद्रा को पहचानता है, जो आप किसी खास जगह पर बनाते हैं। जैसे हाथ जोड़ने की मुद्रा बनाने से आपके मन में मंदिर के भाव प्रकट होते हैं और यह मुद्रा आपके शरीर के लिए मंदिर के भाव में जाने का इशारा बन जाती है। अँगूठे और उँगली को मिलाकर आप स्वयं के शरीर के लिए वही इशारा तैयार करते हैं कि जब वैसी मुद्रा बनाई जाएगी, तब आप उसी अवस्था में जाएँगे, जिसकी आपने प्रोग्रामिंग की है।

इस ध्यान का प्रयोग कैसे और कहाँ करें

1. स्टेज पर खड़े होने के बाद यदि आपको तनाव हो तो अँगूठे और उँगली को मिलाएँ (👌) ताकि आप तुरंत आरामदेह महसूस कर पाएँ।

2. आप यह ध्यान चलते-फिरते, उठते-बैठते, व्यवसाय या नौकरी की जगह और जहाँ आपको इसकी जरूरत महसूस हो, कर सकते हैं। जब आप हमेशा 👌 मुद्रा का प्रयोग करते हैं, तब आपके शरीर और मन को आराम अवस्था में जाने का संकेत मिलता है। तनाव की अवस्था आने के बाद इसी मुद्रा 👌 को 'प्रेस बटन' की तरह इस्तेमाल करें, ताकि आप तुरंत आराम अवस्था में आ पाएँ। इस तरह महज मुद्रा की मदद से आप आराम अवस्था में पहुँच सकते हैं। एक बार पर्याप्त और सटीक प्रोग्रामिंग के बाद जीवन भर आप इसका लाभ ले सकते हैं।

3. विद्यार्थी भी इस ध्यान का लाभ ले सकते हैं। वे  मुद्रा में पढ़ाई कर सकते हैं। अगर परीक्षा देते वक्त उन्हें कुछ बातें याद नहीं आ रही हैं तो वे इस मुद्रा की मदद ले सकते हैं, ताकि जो जवाब उन्हें याद नहीं आ रहे हैं, वे याद आ जाएँ।

कई लोग हाथ जोड़कर प्रार्थना करते हैं। दरअसल प्रार्थना बिना हाथ जोड़े भी हो सकती है, मगर ऐसा नियम बनाकर हमारे पूर्वजों ने बहुत उच्च सोच और समझ प्रकट की है। वास्तव में हाथ जोड़कर प्रार्थना करना एक तरह का प्रेस बटन ही है, जिसके साथ एक विशेष मानसिक अवस्था प्रकट होती है। आप भी जीवन में अलग-अलग तरह के प्रेस बटन तैयार कर सकते हैं। ऐसे बटन की व्यवस्था के लिए जरूरी नहीं है कि आप एक ही मुद्रा इस्तेमाल में लाएँ। अपनी सुविधा के अनुसार अँगूठे और उँगली को मिलाने () के अलावा आप किसी अन्य मुद्रा को प्रेस बटन की तरह इस्तेमाल करना चाहते हैं तो आप वैसी प्रोग्रामिंग कर सकते हैं। बस होना यह चाहिए कि प्रेस बटन दबाते ही आप तुरंत आराम अवस्था में चले जाएँ। इस तरह जब भी आपको वैसी अवस्था में जाना हो, आप उस मुद्रा का उपयोग कर सकें।

यह मुद्रा और प्रोग्रामिंग आपके लिए बहुत लाभदायक सिद्ध होगी। एक बार प्रोग्रामिंग हो जाने के बाद आप बहुत कम समय (महज एक सेकंड) में भी आराम अवस्था में जा पाएँगे। इस लाभ को ध्यान में रखते हुए रोज इस मुद्रा में या अपनी चुनी हुई मुद्रा में ही ध्यान करें।

33

दर्द प्रतिरोधक ध्यान

इस ध्यान का नाम पढ़कर आपको अचरज लग सकता है कि यह किस तरह का ध्यान है। किंतु आपको यह जानकर आश्चर्य होगा कि इस ध्यान के जरिए आपकी संकल्पशक्ति में दृढता आएगी। कई लोग सवाल करते हैं कि वे अपनी संकल्पशक्ति बढ़ाना चाहते हैं, मगर कामयाब नहीं हो पाते। ऐसे लोगों के लिए यह ध्यान वरदान जैसा है। यह ध्यान आपको खुली आँखों से करना है। किसी भी घटना में जब आपको याद आए, आप यह ध्यान कर सकते हैं। आगे ऐसी ही कुछ घटनाएँ दी गई हैं, जिनमें आप इस ध्यान का प्रयोग कर सकते हैं।

इस ध्यान का प्रयोग कैसे और कहाँ करें :

1. अगर कोई इनसान आपके सामने एक बड़ा गुब्बारा लाता है। वह गुब्बारा आपके चेहरे पर फूटने ही वाला हो तो आपकी प्रतिक्रिया क्या होगी? आप सोचेंगे, 'यह अब फूटेगा… यह अब फूटने ही वाला है…' लेकिन तत्क्षण अगर आप दर्द प्रतिरोधक ध्यान का अभ्यास करेंगे तो शांत रहते हुए गुब्बारे को फूटने देंगे।

   गुब्बारा तो महज अदना सा उदाहरण है। अगर कोई आपके सामने बम का गोला भी रख दे और आप दर्द प्रतिरोधक ध्यान कर रहे हैं तो आपका शरीर बिल्कुल हिलना नहीं चाहिए। यह ध्यान करते समय आपके सामने कोई भी वस्तु, वातावरण या लोग आएँ, आपको बिल्कुल विचलित नहीं होना है। (व्यावहारिक ज्ञान का इस्तेमाल जरूर करें)

2. स्नान करते वक्त अगर आपको शरीर पर ठंडा पानी डालना है तो साधारण अवस्था में आप हिचक जाते हैं, लेकिन दर्द प्रतिरोधक ध्यान करते वक्त शरीर पर ठंडा पानी डालने से आपको बिल्कुल हिचकिचाहट नहीं होगी। ध्यान के दौरान

आप सहजता से बिना ठिठुरे, ठंडे पानी को सह लेंगे।

3. आप किसी बस में पिछली सीट पर बैठे हैं और ड्राइवर बहुत रफ्तार से गाड़ी चला रहा है। गाड़ी की तेज गति देखकर आप तनाव में आ जाते हैं। इस स्थिति में आपको बुरे खयाल आते हैं, 'ओह! अगर दुर्घटना हो जाए तो··· अगर ड्राइवर ने अचानक ब्रेक लगा दिए तो?' इन विचारों में उलझकर आप डरे-सहमे से सफर पूरा करते हैं। उस पल आप दर्द प्रतिरोधक ध्यान करते हुए आराम से सफर कर सकते हैं। भयभीत अवस्था में ध्यान करने से आपका अवधान भय पर नहीं, बल्कि ध्यान पर होगा और मन में चलनेवाले सभी नकारात्मक विचार लुप्त हो जाएँगे। ध्यान के दौरान आपको विचार आएँगे कि आप गाड़ी में पीछे की सीट पर बैठे हैं और आपका काम सिर्फ पीछे बैठकर सफर करना है। आगेवाली सीट पर बैठे इनसान का काम है गाड़ी चलाना। आप पीछे बैठकर गाड़ी नहीं चला सकते, इसलिए विचारों के मार्फत आगे की सीट पर जाकर गाड़ी चलाने का दुस्साहस आपको नहीं करना चाहिए। अन्यथा तनाव का प्रतिकूल परिणाम आप पर भी हो सकता है। पीछे बैठकर आप जो तनाव ले रहे हैं, उसका असर ड्राइवर पर हो सकता है और उसकी वजह से आपकी गाड़ी किसी दुर्घटना का शिकार भी हो सकती है। ऐसी अवस्था में दर्द प्रतिरोधक ध्यान आपके लिए बहुत उपयोगी साबित हो सकता है।

4. किसी मनोरंजन-पार्क के आकाश झूले में लोग ऊपर-नीचे होते हैं। उस वक्त आपने देखा होगा कि झूला जिस वक्त नीचे आता है, सभी लोग चीखने-चिल्लाने लगते हैं। उस झूले में बैठकर आप दर्द प्रतिरोधक ध्यान कर सकते हैं। इस

ध्यान के दौरान आप शांति से उस झूले में बैठे रह सकते हैं। हो सकता है कि उस वक्त आपके शरीर में बहुत तनाव हो और झूले में बैठने के बाद एक या दो बार आपको ध्यान करने में सफलता न मिले, मगर लगातार कोशिश से आप उस झूले में भी यह ध्यान कर पाएँगे।

5. किसी जगह पर जब कोई दुर्गंध आती है, तब लोग परेशान होकर नाक-मुँह ढँकने लगते हैं, लेकिन उस वक्त इस ध्यान का अभ्यास करते हुए आप दुर्गंध के बावजूद आराम से उस जगह से गुजर सकते हैं और दर्द का प्रतिरोध कर सकते हैं। शरीर का यह स्वभाव है कि अनचाही दुर्गंध आने पर वह उसका प्रतिरोध करता है। लेकिन अगर आप इस ध्यान का लाभ उठाएँ तो उस स्थिति में भी आप आराम से रह सकेंगे। दुर्गंध आप पर कोई असर नहीं करेगी।
6. रात को सोते वक्त अगर अचानक पड़ोसी के कुत्ते ने भौंकना शुरू कर दिया या पड़ोसी ने अपनी गाड़ी का हॉर्न जोर से बजाया तो आपको लगेगा कि वह आवाज तुरंत बंद हो जानी चाहिए, क्योंकि इससे आपकी नींद में खलल पड़ता है। उस वक्त अगर आप दर्द प्रतिरोधक ध्यान का प्रयोग करें तो आपके विचारों में तुरंत परिवर्तन होगा। आप कहेंगे, 'कुत्ता भौंक सकता है और पड़ोसी गाड़ी का हॉर्न भी बजा सकता है। उन्हें ऐसा करने का पूरा अधिकार है।' दूसरे दिन आप पड़ोसी को जरूर बता सकते हैं कि देर रात गाड़ी के हॉर्न से लोगों को दिक्कत होती है।

ये उदाहरण दिखाते हैं कि अलग-अलग परिस्थितियों में आप दर्द प्रतिरोधक ध्यान का प्रयोग कर सकते हैं। इस ध्यान के जरिए आप आत्मनियंत्रण बढ़ाने की कला सीख सकते हैं। आपके शरीर पर आपका नियंत्रण बढ़े, यही इस ध्यान विधि का उद्देश्य है।

34 स्व अवलोकन ध्यान

मन स्वयं का दर्शन करते हुए जब सत्य और समझ प्राप्त करता है, तब उसे पता चलता है कि दुःख का कारण धोखा है और इसके बाद वह धोखे से मुक्त होने के लिए तैयार होता है।

स्व-अवलोकन का अर्थ है, हर घटना, परिस्थिति या लोगों के सामने स्वयं का दर्शन करना। इस ध्यान प्रयोग द्वारा आप सहजता से स्वयं दर्शन कर सकते हैं। इस प्रयोग के दौरान दिन भर हर घंटे के बाद स्वयं से पूछें, 'इस वक्त मेरे मन की अवस्था कौन सी है?' इस सवाल के जवाब में आपको अपनी मानसिक अवस्था बयान करनी है। उदाहरण के तौर पर आगे कुछ मानसिक अवस्थाएँ दी गई हैं। आपको हर घंटे बाद जाँच करना है कि आपके मन की अवस्था कौन सी थी।

आगे दी गई अवस्थाओं के अनुसार दिनभर प्रत्येक घंटे में स्वयं से पूछें, 'इस वक्त मेरे मन की अवस्था कौन सी है?' कई दिनों तक लगातार निरीक्षण करने के बाद आप जान पाएँगे कि मन की इच्छाएँ और अवस्थाएँ सतत बदलती रहती हैं। मन को गौर से देखने के बाद आप समझ पाएँगे कि चंचलता और बेचैनी मन का स्वभाव है। इस ध्यान के दौरान आप जान पाएँगे कि कभी आपका मन व्याकुल हो जाता है तो कभी खुश होता है, कभी गुस्सा होता है तो कभी लालची बनता है, कभी अचानक भयभीत होता है तो कभी चिंता करता है और कभी सहजता से निराश हो जाता है। कभी उसी मन में अपराध बोध जागता है तो कभी उसी में अहंकार और इच्छाएँ जाग्रत् होती हैं। कभी मन आपको गुमराह करता है तो कभी यह आपको अलग-अलग तर्क देता है। मन कभी कल्पनाओं में खो जाता है तो कभी तुलना करने लगता है। यही मन कभी अनजान बनता है तो कभी स्वयं को सर्वज्ञ मानने लगता है।

मानसिक अवस्थाएँ

A	Anger	क्रोध	स्वयं या औरों पर गुस्सा
B	Boredom	उकताहट	किसी बात में कोई दिलचस्पी नहीं बोरियत की भावना
C	Confusion	असमंजस	उलझन, कोशिश के बावजूद समझ में न आने की अवस्था
D	Depression	उदासी	मन का उदास और दु:खी रहना, किसी वजह या बिना किसी कारण घबराना, व्याकुल रहना
E	Ego	अहंकार	अभिमानी और घमंड से भरा, श्रेय, लेनेवाला, अपनी तरफ करनेवाला मन
F	Fear	डर	ऐसा डर कि कहीं कोई अनहोनी न घट जाए या किसी भय का पूर्वाभास होना
G	Guilt	अपराध बोध	किसी घटना या बरताव के लिए स्वयं को दोषी मानना

H	Happiness	आनंद	खुशी की अवस्था
I	Ill-will	द्वेष	दुश्मनी और घृणा की भावना या दूसरों को चोट पहुँचाने की इच्छा
J	Jealosy	जलन	ईर्ष्यालु, क्रोधी, चंचल, अधीर और महत्त्वाकांक्षी मन। यह मन सोचता है 'अगर मेरे दोस्त के पास क्यों नहीं?
K	Kindness	मदद की भावना	दया, सहानुभूति, दूसरों को मदद करने की भावना, दूसरों के प्रति सद्भावना रखना और उनका खयाल रखना
L	Laziness	आलस्य	सुस्त, आलसी, कुछ भी करने की इच्छा न होना, मंदबुद्धि, उदासीन

स्वयं के मन की अवस्था जब आप हर घंटे जानेंगे, तब उसका असर बिल्कुल जादू की तरह होगा। इस निरीक्षण के जरिए आप जल्द ही मन के हर रूप को जान पाएँगे। सिर्फ बुद्धि से ही नहीं, बल्कि अनुभव से भी आप यह जान पाएँगे कि मन भ्रम है, धोखा है। अप्रशिक्षित मन कभी एक जगह नहीं रुकता और एक अवस्था में नहीं टिकता। इस ध्यान की बदौलत आपमें यह समझ प्रकट होगी कि 'इस तरह सतत बदलनेवाले मन के साथ वाकई में मुझे इतना चिपकाव क्यों है?' इस निरीक्षण के बाद मन परेशान होगा तो आपको यह बात स्पष्ट रूप से दिखाई देगी कि आपका मन परेशान है, आप नहीं। मन से परे सत्य का अनुभव आपके जीवन में प्रकट होगा।

हर घंटे का यह निरीक्षण मन को जानने का प्रभावी उपाय है। इस निरीक्षण में माहिर होने के बाद आपको खुशी या दुःख का कोई भी विचार अपने अनुभव से, केंद्र से दूर नहीं ले जा पाएगा। हर तरह के अनुभव के बावजूद आप स्वयं के केंद्र में, अपने होने के एहसास में, सत्य के अनुभव में रह पाएँगे। आप स्वयं के अनुभव से जान पाएँगे कि 'मेरा मन उदास है, मेरा मन खुश है, मेरे मन में गुस्सा, घृणा, अपराधबोध की भावना, डर··· पैदा हुए हैं। ये सभी मेरे मन की अवस्थाएँ हैं, यह मेरे साथ नहीं हो रहा है।' केवल मन के निरीक्षण से आपमें यह ज्ञान जाग्रत् होगा। आपमें यह समझ प्रकट होगी कि मन की अवस्था बदलने से सत्य के अनुभव में, तेज आनंद में कोई फर्क नहीं पड़ता। यह समझ प्राप्त होने के बाद तनाव, दबाव और बोझ की अवस्था में भी आप आंतरिक रूप से शांत महसूस करेंगे। आप अपने अनुभव से जान पाएँगे कि यह तनाव आपको नहीं, बल्कि आपके शरीर और मन को आया है और आप उससे अलग हैं। आप जान पाएँगे कि तनाव सिर्फ आपके शरीर द्वारा कुछ कार्य करने के लिए आया है, जैसे विद्यार्थी को ज्यादा-से-ज्यादा पढ़ाई करने के लिए परीक्षा का तनाव आना जरूरी है।

स्वयं निरीक्षण ध्यान में आप हर घंटे अपने मन की अवस्था जान पाएँगे। यह बात महत्त्वपूर्ण नहीं है कि आपके मन की अवस्था हर घंटे

कैसी है, बल्कि सबसे महत्त्वपूर्ण तो यह बात है कि आप स्वयं के मन का निरीक्षण ईमानदारी से करने के लिए तैयार हो गए हैं।

35 स्वाक्षी ध्यान

ध्यान की दीक्षा पाकर सत्य के खोजी की यात्रा साक्षी से स्वसाक्षी की ओर शुरू हो जाती है। जब जाननेवाला जाना जाता है, तब साक्षी स्व का दर्शन करके 'स्वाक्षी' बन जाता है।

स्वाक्षी ध्यान में आप स्वयं के साथ होनेवाली हर घटना को देखने का फैसला करते हैं। आप होश के साथ आत्मनिरीक्षण करते हुए साक्षी के साक्षी बन पाएँ, यही इस ध्यान का उद्‌देश्य है। जब स्वसाक्षी को स्वयं की पहचान होती है, तभी चेतना के साथ सही आत्मनिरीक्षण हो सकता है। इस भाग में अपनी संकल्पशक्ति के साथ होश बढ़ाने का उद्‌देश्य रखते हुए आगे बढ़ें।

यह ध्यान आप रोजमर्रा के काम करते हुए भी कर सकते हैं और विशेष तय समय में भी। अहम बात यह है कि इस ध्यान के दौरान आपको सिर्फ साक्षी के रूप में अपने आस-पास और शरीर में होनेवाली घटनाएँ देखना हैं। ध्यान करते वक्त अगर आप हाथ हिलाते हैं तो आपको अपना हाथ हिलाते हुए देखना है। दूसरे शब्दों में, आपके मन का एक हिस्सा लगातार यह देखता रहेगा कि आपके शरीर में और शरीर के आस-पास कौन सी घटनाएँ हो रही हैं और शरीर कौन सी क्रियाएँ कर रहा है। यांत्रिक कार्यों जैसे बरतन धोना, घर या ऑफिस में साफ-सफाई करना, नहाना, भोजन करना इत्यादि के दौरान इस ध्यान का अभ्यास जरूर करें।

अपनी क्रियाओं का अवलोकन करते वक्त यदि आप होश में रहना भूल जाते हैं तो परेशान होने की जरूरत नहीं है। फिर से कार्यों के दौरान खुद को स्व का साक्षी बनने की याद दिलाएँ। इस तरह हर दिन ऐसे कार्यों में इस ध्यान को जरूर किया जा सकता है, जिन कामों में सोचने की जरूरत नहीं होती।

यह ध्यान मन की संकल्पशक्ति बढ़ाने, उसे स्थिर करने, जाग्रति लाने और आराम देने के लिए निहायत ही जरूरी है। इस ध्यान के दौरान सिर्फ आपके शरीर और मन में होनेवाली बातें ध्यान से देखें। लोगों के साथ तो ऐसा भी होता है कि वे योग का अभ्यास करते हैं, अलग-अलग आसन करते हैं, मगर योग करते समय क्या होता है, यह नहीं जान पाते। अगर आपने योग का अभ्यास करते वक्त यह ध्यान किया तो आपको एक अद्‌भुत अनुभव मिलेगा। इस ध्यान के जरिए आप गहराई से यह जान पाएँगे कि आसन करते वक्त आपका शरीर किस तरह हिलता है और उसमें कौन से बदलाव होते हैं। उसी तरह योग के दौरान आपके मन की अवस्था भी आप जान पाएँगे।

36

आरामा ध्यान

विश्व निर्मित होने से पहले की अवस्था का अनुभव करने के लिए आरामा ध्यान किया जाता है। हर इनसान ईश्वर के होने का अनुभव करना चाहता है। इसी चाहत में वह कई बार ध्यान करने के लिए बैठता है, मगर उस अवस्था तक नहीं पहुँच पाता। आरामा ध्यान आपको आसानी से उस अवस्था तक पहुँचने में मदद करता है। इस ध्यान द्वारा आप अपनी मूल अवस्था का अनुभव कर सकते हैं, जो आपके शरीर से परे है। आइए, ध्यान की गहरी अवस्था का अनुभव करवानेवाले इस ध्यान की विधि जानते हैं।

ध्यान विधि :

1. ध्यान में बैठने से पहले नियोजित समय का बज़र लगाएँ। उसके बाद आँखें बंद करते हुए चुनी हुई मुद्रा और

आसन धारण करके ध्यान की शुरुआत करें।

2. शरीर को सीधा रखें, मगर फिर भी शरीर पर तनाव न लें। इस अवस्था में लंबी साँस लें और उसे धीरे से छोड़ें। अंदर जाती हुई साँस के साथ भीतर की यात्रा करें या स्वयं को याद करें और बाहर आती हुई साँस के साथ धन्यवाद दें।

3. ध्यान के दौरान शांत अवस्था में बैठें। साँस को सामान्य गति से चलने दें। तनावमुक्त होकर आनंदित अवस्था में भीतर जाएँ, ताकि आपके धन्यवाद के भाव और शुद्ध हो पाएँ। शुरुआत में आप केवल ऊपरी तौर पर धन्यवाद देते हैं, मगर बाद में आपके दिल से धन्यवाद निकलेंगे।

4. परिकल्पना करें कि संपूर्ण ब्रह्मांड एक बहुत बड़ी प्रदर्शनी है और आप उस प्रदर्शनी को देखने के लिए गए हैं। उस प्रदर्शनी का पहला काउंटर है पृथ्वी। आप पृथ्वी पर आए हैं, यानी उस प्रदर्शनी के पहले काउंटर पर आए हैं। इस काउंटर पर कई मुल्क हैं। उन मुल्कों में से एक है, आपका मुल्क, आपका देश। उस देश में कई राज्य हैं। उनमें कई शहर और गाँव हैं, जिनमें कई मोहल्ले हैं। उनमें से एक है आपका मोहल्ला, जिसमें आपका घर है।

5. अब यह मान लें कि आपके मोहल्ले के सारे घरों को सफेद रँग दिया गया है। उसके बाद यह देखें कि जिस शहर या गाँव में आप रहते हैं, उस पूरे परिसर को सफेद रँग दिया गया है। धीरे-धीरे यह चित्र भी देखें कि वही सफेद रंग आपके राज्य में, देश में और आगे विश्व में

फैल रहा है। इस चित्र को विस्तार से देखें कि एक-एक घर सफेद रंग से पोत दिया गया है। उसके अंदर और बाहर की सभी दीवारों को सफेदी लगाई गई है। दुकान, घर और हर इमारत को सफेद रंग लगाने के बाद आपको कैसा लगेगा?

6. आगे इसी कल्पनाचित्र में यह देखें कि रास्ते पर चलनेवाले सभी वाहनों के रंग सफेद हो गए हैं, जैसे—सफेद कार, सफेद स्कूटर, सफेद साइकिल आदि।

7. इसी के साथ कल्पनाचित्र देखें कि आपके आस-पास घूमनेवाले लोगों का रंग भी सफेद हो गया है। कल्पना करें कि इन लोगों के साथ आपका रंग भी बदलकर सफेद हो गया है।

8. आगे इसी चित्र का और विस्तार करें और देखें कि सभी लोगों के पहने हुए कपड़ों का रंग भी सफेद है। कपड़ों के साथ-साथ उनके जूते, गहने आदि सारी वस्तुएँ सफेद हो गई हैं। सफेदी के साथ मानो ये सारी बातें गायब हो रही हैं, क्योंकि एक ही रंग की वजह से उनका अस्तित्व दिखाई नहीं दे रहा है।

9. ध्यान को जारी रखते हुए कल्पनाचित्र के और विस्तार में जाएँ और देखें कि पृथ्वी के सभी रास्ते सफेद हो गए हैं। केवल रास्ते ही नहीं, बल्कि आसमान, पेड़-पौधे, रास्ते पर लगे होर्डिंग्स आदि सभी वस्तुएँ सफेद हो गई हैं। यह देखें कि इस सफेदी में सब कुछ गायब हो रहा है। हर वस्तु, वातावरण और लोगों का रंग सफेद होने की वजह से वे विलीन हो रहे हैं।

10. यह कल्पनाचित्र देखते वक्त शरीर पर कोई तनाव न लें। अगर तनाव आए तो तुरंत शरीर और मन को आराम अवस्था में लाएँ। इसके लिए एक लंबी साँस लेकर धीरे से छोड़ें।

11. शरीर को आराम अवस्था में लाने के बाद फिर से सफेदी पर ध्यान लगाएँ और मन-ही-मन अब तक बनाए हुए कल्पनाचित्र का और विस्तार करें। हर छोटी-से-छोटी वस्तु को सफेद रंग में देखें। महसूस करें कि सारी चीजें सफेद रंग से ढकती जा रही हैं, जिसमें आप भी हैं। आपकी त्वचा और आँखों के साथ हर अवयव सफेद हो गया है। मन-ही-मन देखने की क्रिया चलती रहे, मगर उसका रंग सफेद हो। यह जानें कि सब सफेद हो गया है और उसे केवल जाना जा रहा है। आपका कोई अलग अस्तित्व नहीं है, यहाँ तक कि आपका शरीर भी गायब हो गया है और इसे भी जाना जा रहा है।

12. इस तरह आरामा ध्यान जारी रखें। ध्यान के दौरान समझ रखें कि आरामा अवस्था ईश्वर की वह अवस्था है, जब संसार में कुछ नहीं था। अगर इस दौरान कोई और विचार आएँ तो अपना ध्यान तुरंत सफेदी पर लेकर जाएँ।

13. आपके विचारों में कोई भी दृश्य आए तो उस पर सफेदी डालें, बर्फ डालें। सफेद बर्फ से आपके ध्यान क्षेत्र की हर चीज को सफेद करें।

14. ध्यान के दौरान जब भी तनाव या उत्तेजना आए, तब आरामा अवतार धारण करें। आरामा अवतार के दौरान अंदर जाती हुई साँस के साथ भीतर की यात्रा करें और

बाहर आती हुई साँस के साथ धन्यवाद दें। इसके साथ-साथ तनावरहित अवस्था का अनुभव करें।

15. कल्पनाचित्र का पूरा विस्तार करने के बाद आप जानेंगे कि पूरा विश्व सफेद हो गया है। इस सफेदी को केवल जाना जा रहा है। जब बाहर के विश्व में जानने के लिए कुछ भी नहीं बचता तो स्वयं को जाना जाता है, जाननेवाले को जाना जाता है। यह अवस्था आने तक सफेदी देखते रहें। इसी अवस्था में आप स्वयं के जिंदा होने के एहसास पर लौट आएँगे और केवल आपका अस्तित्व बाकी रह जाएगा।

16. ध्यान के अंतिम समय में इसी तरह स्वयं को जानते रहें, भीतर की यात्रा जारी रखें। आँखें खोलने से पहले समझ रखें कि ध्यान की समाप्ति के बाद आपके सामने जो दृश्य प्रकट होनेवाले हैं, वे उसी सफेदी से प्रकट होनेवाले हैं। ध्यान उपरांत प्रकट होनेवाला संसार सफेदी से ही प्रकट होनेवाला है। इसी अवस्था में बज़र बजने के बाद आँखें खोलें।

ध्यान के दौरान इस बात का खयाल रखें

यह ध्यान पढ़कर ऐसा न सोचें कि सब कुछ सफेद हो जाने के बाद क्या बचेगा या इस परिकल्पना का व्यावहारिक जगत् से कोई संबंध नहीं है। ध्यान के दौरान आपने जो परिकल्पना की, उसका उद्‌देश्य केवल आपको स्वयं के अनुभव की पहचान करवाना था। स्वयं के जिंदा होने का अनुभव करने के लिए इस परिकल्पना का आधार लें। परिकल्पना में उलझकर अपने होने के अनुभव को न भूलें।

37

मैत्री ध्यान

मैत्री ध्यान में सबसे मुख्य समझ है, 'आप शरीर के संग हैं, शरीर नहीं।' इसे आप कई बार सुनते हैं, मगर यह आपकी क्रिया में नहीं आता या आप इसे भूल जाते हैं। 'मैत्री ध्यान' में इस समझ को बरकरार रखने के लिए नया दृष्टिकोण बताया गया है। अगर आप हर कार्य शरीर को मित्र समझकर करेंगे तो जीवन का सच्चा आनंद, तेजआनंद सहजता से हासिल हो सकता है। आइए, शरीर रूपी मित्र की पहचान करवानेवाले इस ध्यान की विधि जानें।

ध्यान विधि :

1. ध्यान में बैठने से पहले तय समय का बज़र लगाएँ। उसके बाद चुनी हुई अवस्था और मुद्रा में ध्यान की शुरुआत करें।

2. बंद आँखों से ध्यान की पूर्व तैयारी करें, कुछ नहीं करने के अभ्यास की पूर्व तैयारी करें। ध्यान में कुछ नहीं करना होता है, लेकिन उसकी भी तैयारी होना जरूरी है। अन्यथा मन कहता है, 'कुछ नहीं करना है तो फिर इसकी तैयारी क्या करें?' दरअसल, पूर्व तैयारी का अर्थ है—पहले से तय करना कि ध्यान में आनेवाले मायावी विचारों को कैसे देखना है। मायावी विचारों को किनारे रखकर ही सही मायने में ध्यान हो सकता है।

   ध्यान का लक्ष्य स्वअनुभव में रहना है, इसलिए विचारों में न उलझने का निर्णय जरूरी है। पूर्व तैयारी के दौरान यह निर्णय पहले लें और ध्यान के समय में इस पर अमल करें। इस तरह आप ध्यान के दौरान जख्मी विचारों की सही मरम्मत कर पाएँगे।

   जैसे आप कहीं पिकनिक पर जाते हैं तो वहाँ के लिए आप

पहले ही नियोजन करते हैं। वहाँ उपयोग में आनेवाली सारी वस्तुएँ आप घर से ले जाते हैं, जैसे पानी या खाने की वस्तुएँ या फर्स्ट एड बॉक्स आदि। ध्यान के समय में भी आपको यही करना है।

3. ध्यान के पहले स्वयं से पूछें, 'क्या मैं ध्यान में बैठने के लिए तैयार हूँ?' आगे भी सवाल करते रहें, 'अकसर जब मैं ध्यान में बैठता हूँ, तब कौन सी बातें होती हैं? ध्यान के दौरान मुझे कौन से विचार आते हैं? ध्यान में शरीर के आसन में क्या होता है? शरीर की मुद्रा में क्या परिवर्तन आता है? मैं शरीर सीधा रख पाता हूँ या नहीं? मुझे आस-पास की आवाजें खलती हैं या कोई फर्क नहीं पड़ता? अकेले या संघ में ध्यान करने से क्या फर्क महसूस होता है?' इन सवालों पर मनन से आप ध्यान की पूर्व तैयारी सही तरीके से कर पाएँगे।

4. आगे पूर्व तैयारी करते वक्त स्वयं को लक्ष्य भी बताएँ कि 'मौन में मैं स्वअनुभव की दृढता प्राप्त करता हूँ। इसी दृढता के लिए मैं निरंतरता से ध्यान करता हूँ। यह स्वअनुभव अकंप बनने के लिए मेरी मदद करता है। ध्यान का असली लक्ष्य है, स्वअनुभव की दृढता पाना। ध्यान के दौरान मेरी दृढता यहाँ तक बढ़े कि मैं बाद में भी उसे याद रख पाऊँ।' इसी विचार के साथ ध्यान की सही शुरुआत करें।

5. खुली आँखों से आप कई बार माया में, दिखावटी सत्य में उलझ जाते हैं। ऐसे में कम-से-कम आँखें बंद करने के बाद सत्य के विचार रखें, उसी को याद करते हुए अनुभव करें। आँखें खोलकर आपको स्वअनुभव की, जीवित होने

के एहसास की याद नहीं आती, इसलिए सबसे पहले ध्यान में स्वअनुभव करें।

6. बंद आँखों से ध्यान अवस्था में शरीर को जानते रहें। केवल शरीर के होने को नहीं, बल्कि उसके साथ-साथ स्वयं के होने को, जीवित होने के एहसास को भी जानते रहें।

   जैसे आप मित्र के साथ पिकनिक पर जाते हैं तो पूरा समय आपको मित्र की याद रहती है, मगर इसके साथ स्वयं को भी याद रखें। मित्र पर ध्यान रखने के साथ स्वयं को भी जानते रहे, दोनों को एक साथ जानते रहें।

7. ध्यान अवस्था में बैठने के बाद कई बार आपका ध्यान शरीर रूपी मित्र पर जाएगा। मित्र क्या कर रहा है, उसमें कौन से विचार चल रहे हैं, यह जानने की इच्छा होगी। जब मित्र पर ध्यान जाए, तब स्वयं को याद दिलाएँ कि मित्र के साथ स्वयं को भी सतत याद रखना है।

8. **ध्यान के दौरान आपको स्वयं का जितना साफ-साफ अनुभव हो रहा है, वैसे ही चलते-फिरते, काम करते हुए होता रहे**। इस लक्ष्य को ध्यान में रखते हुए इस वक्त मौन में जीवन की सच्चाई का दर्शन करें और स्वयं से कहें, 'मेरे पास ऐसा मित्र है, जिसके दर्द मैं अपने मान लेता हूँ, जिसके विचार मैं अपने मान लेता हूँ, जिसकी असुविधा मैं अपनी मान लेता हूँ।'

   यह तो ऐसा हुआ कि आप मित्र के साथ महाबलेश्वर में पिकनिक मनाने गए और सारा समय महाबलेश्वर के दर्शन किए बिना, मित्र में ही खोए रहे। पृथ्वी पर आपके साथ ऐसा न हो, इसलिए याद रखें कि 'मेरे साथ मेरा मित्र

(शरीर), पिकनिक पर मेरी अभिव्यक्ति के लिए आया है। यह मित्र वही कार्य करे, जो मैं चाहता हूँ।' ध्यान में और उसके बाद रोजमर्रा के कार्य करते हुए खुद को बार-बार अपना अस्तित्व याद दिलाने की आवश्यकता होती है। शरीर रूपी मित्र इतना रचनात्मक होता है कि वह आपका पूरा ध्यान खींच लेता है। जो शरीर अभिव्यक्ति के लिए था, वही उलझा देता है। शरीर रूपी वरदान, अभिशाप बन जाता है। शरीर से परे, जिसे अपने होने की पहचान होती है, स्वअनुभव की अनुभूति होती है, उसके लिए मित्र वरदान बन जाता है। जिस इनसान को स्वअुनभव पाने का विचार भी नहीं आता, उसके लिए यह मित्र अभिशाप बन जाता है।

9. आगे ध्यान में स्वयं से कहें,

कितना प्यारा है यह मित्र, पर मोह का जन्मदाता है यह मित्र! कितना छोटा है यह मित्र, पर मुझे भी छोटा बनाने की ताकत रखता है यह मित्र!

मुझसे भी मनवा सकता है कि मैं भी छोटा हूँ। मेरे मित्र के क्या कहने! कभी स्थूल है तो कभी जड़ है मेरा मित्र!

यह कभी मुझे स्थूल बना सकता है तो कभी जड़ होने का एहसास करवा सकता है!

मेरी सुंदरता के सामने इस मित्र की सुंदरता कुछ भी नहीं है!

फिर भी वह मुझे मना सकता है कि वह मुझसे ज्यादा खूबसूरत है!

ऐसा है यह मित्र!

10. इस वक्त अपने मित्र के साथ जो भी महसूस कर रहे हैं, जान रहे हैं, विचार देख पा रहे हैं, उन्हें मित्र के विचार और मित्र का एहसास समझकर अपनी प्रज्ञा में स्थिर और डटे रहें।

11. ध्यान की समाप्ति पर शरीर रूपी मित्र को स्वयं की याद दिलाने में मदद के लिए धन्यवाद दें। इस तरह मैत्री ध्यान जारी रखें और समय का बज़र बजने के बाद आँखें खोलें।

38

हॅपी थॉट्स/ शुभेच्छा ध्यान

इनसान के दुःख का कारण होती है उसकी इच्छाएँ। इनसान के मन में हर पल नई इच्छाएँ जन्म लेती रहती हैं। इन इच्छाओं से मुक्त होने की इच्छा ही शुभ इच्छा, शुभेच्छा है।

आपको यह ध्यान टहलते हुए करना है। टहलते-टहलते देखें कि आपके भीतर कौन सी इच्छाएँ जाग रही हैं। इन्हें देखते हुए स्वयं से कहें, 'अब मैं इन सब इच्छाओं से मुक्त हूँ।' आप कल्पना भी नहीं कर सकते कि हकीकत में जब आप सभी इच्छाओं से मुक्त हो जाएँगे, तब आपके जीवन में कितना आनंद आएगा। क्या आप जानते हैं, आपके अंदर कितनी इच्छाएँ मौजूद हैं ? आपको यह बात जानकर आश्चर्य होगा कि आपके अंदर बहुत सारी इच्छाएँ हैं, जिनके बारे में आपको भनक तक नहीं है। यह ध्यान आपकी सारी इच्छाएँ आपके सामने लाने में मदद करेगा। दरअसल, इच्छाएँ पूरी न होने से इनसान दुःखी होता है। इस ध्यान के जरिए अपनी इच्छाओं के दर्शन करने के बाद आपके कई दुःख खत्म हो सकते हैं। स्वयं की इच्छाओं के दर्शन करने और उनसे मुक्ति पाने के लिए यह एक उपयुक्त ध्यान विधि है।

ध्यान के दौरान स्वयं के अंदर उठनेवाली हर इच्छा के प्रति जाग्रत् रहें। ध्यान के दौरान स्वयं से कहें, 'अब मुझे किसी बात की कोई इच्छा नहीं है। मैं इस ध्यान के दौरान कोई इच्छा नहीं करूँगा। अब मैं हर इच्छा से मुक्त हूँ। मुझे अंदर और बाहर से मुक्ति का अनुभव हो रहा है। इस अनुभव के लिए ईश्वर का बहुत-बहुत धन्यवाद।'

ध्यान के लिए तय समय में पूर्ण रूप से इच्छामुक्त रहने की कोशिश करें। इस दौरान मन में उठनेवाली ऊपरी और प्रमुख इच्छाएँ आप आसानी से देख पाएँगे। ये इच्छाएँ बहुत स्पष्ट होती हैं, मगर इनके अलावा मन में कई सूक्ष्म इच्छाएँ भी होती हैं, जिन्हें आप सहजता से पकड़ नहीं पाएँगे। इन सूक्ष्म इच्छाओं को एक उदाहरण से समझें:

जब आप टी.वी. देखते हैं, तब आपके भीतर एक सूक्ष्म इच्छा होती है कि उस समय बिजली न जाए। आप टी.वी. देखने में इतने मशगूल होते हैं कि इस सूक्ष्म इच्छा की तरफ आपका ध्यान ही नहीं जाता, लेकिन जब अचानक बिजली चली जाती है, तब आपका ध्यान उस तरफ जाता है और इच्छा पूरी न होने से आप बिजली विभाग को कोसते रहते हैं। अपनी प्रतिक्रिया के जरिए आप समझ पाएँगे कि आपके मन में तीव्र इच्छा थी कि बिजली न जाए, मगर वह सामने नहीं आई थी। जब उस इच्छा में रुकावट आई तब आपको उसके दर्शन हुए और इच्छा पूर्ण न होने का दु:ख भी हुआ। अगर आप इस ध्यान के बारे में जानते हैं तो उस अवस्था में भी कह पाएँगे, 'बिजली चले जाने के बावजूद सब कुछ अच्छा है।'

इस उदाहरण से आप जान सकते हैं कि हर इनसान में बहुत सी सूक्ष्म इच्छाएँ होती हैं। इनसान को उनके दर्शन और उनसे मुक्ति का मार्ग पता नहीं होता। यह ध्यान स्वयं की संकल्पशक्ति बढ़ाने और इच्छाओं से मुक्ति का आनंद अनुभव करने का उत्तम तरीका है।

शुभेच्छा ध्यान के लिए आप जितना समय देते हैं, उतना समय आप इच्छाओं से मुक्त होने का आनंद प्राप्त कर सकते हैं। हर व्यक्ति को दिन में थोड़ा समय इस ध्यान के लिए निकालना चाहिए। ध्यान की शुरुआत करते

वक्त आप जिस अवस्था में हैं, उसी अवस्था में बने रहें। ध्यान के दौरान अगर आप बैठे हैं तो ध्यान के पूरे होने तक बैठे रहें। शुरुआत में खड़े हैं तो समाप्ति तक खड़े ही रहें या पैदल चल रहे हैं तो पैदल चलते रहें, रुकें नहीं। ध्यान करते वक्त आपके मन में यह इच्छा प्रकट होने की पूरी संभावना है कि 'अब तक मैं बैठा था, अब थोड़ी देर के लिए खड़ा रहूँ।' ऐसी इच्छा होने के बावजूद उसके मुताबिक क्रिया न करें। इस ध्यान से स्वयं को ऐसा प्रशिक्षण दें कि आप सहजता से कह पाएँ, 'अब मैं इस जगह जीवनभर भी बैठ सकता हूँ, क्योंकि अब मैं हर इच्छा से मुक्त हूँ।' जब आपके द्वारा यह घोषणा निकलेगी, तब आपको एहसास होगा कि आपने यह ध्यान गहराई से किया है।

इस ध्यान के बाद आप पहली बार आज़ादी का अनुभव कर पाएँगे। इच्छाओं से मुक्ति का अनुभव करने के बाद आप ध्यानमार्ग पर और सहजता से तथा ज्यादा गति से आगे बढ़ पाएँगे।

भाग

5

ध्यान की अवस्थाएँ

1 ध्यान क्या है, इसकी समझ

2 ध्यान से पहले की तैयारियों की समझ

3 ध्यान में आनेवाली रुकावटों की समझ

4 ध्यान से प्राप्त लाभों की समझ

5 **ध्यान की अवस्थाओं की समझ** ✓

39

दो मिनट मनन करें / ज्ञान मनन - ध्यान

1. क्या आप उस आनंद को भूल गए हैं, जिसके लिए संसार बनाया गया?
2. 'इनसान जब बच्चा होता है, तब उसके पास ध्यान की भरपूर दौलत होती है मगर उस दौलत का महत्त्व पता न होने के कारण वह जल्दी बूढ़ा हो जाता है। बचपन और बुढ़ापे के बीच 'जवान' होने की अवस्था, ध्यान है। जब ध्यान के दौरान जागरूकता, समझ और उसके महत्त्व की पहचान होती है, तब इनसान सही मायने में जवान होता है।
   'जवान कौन है?'
   दयावान वह है, जिसके पास दया है,
   सत्यवान वह है, जिसके पास सत्य है,
   वैसे ही जवान वह है, जिसके पास 'जीवन' है।
   ध्यान से जीवन प्राप्त करें, जवान बनें।'
3. मुझे 'मौन' पसंद है, क्योंकि ···
   क्योंकि 'मौन' में डूबने के बाद हम संसार में तैरना सीख जाते हैं। मौन में खोकर हम जाग जाते हैं।
   क्योंकि 'मौन' में खुद की खुदाई होती है, रहस्य, रहस्य नहीं रहता।
   क्योंकि 'मौन' में वह वाणी सुनाई देती है, जो अंदर से मार्गदर्शन देती है।
4. मुझे मौन पसंद है, क्योंकि (लिखें) ....
   ....
   ....

एक लिखित अभ्यास

ध्यान की विविध अवस्थाओं की समझ

ध्यान में पूर्ण ग्रहणशीलता हासिल करने और अपने मन को ध्यान से प्रशिक्षित करने के लिए कौन सा कदम उठाना चाहिए, इस बारे में यहाँ विस्तार से लिखें। मन को ध्यान का आवश्यक प्रशिक्षण देने के लिए आप सबसे पहले क्या करेंगे? क्या आपको लगता है कि ध्यान में प्रशिक्षण प्राप्त करने का पहला कदम मन को आराम देना है? आपके अनुसार मन को प्रशिक्षण देने का दूसरा कदम कौन सा है? अगर आप इस प्रशिक्षण का आखिरी कदम जानते हैं तो उसके बारे में भी जरूर लिखें—

....

....

....

....

....

....

....

....

....

....

....

....

....

....

....

....

....

....

ध्यान की तीन अवस्थाएँ

अब तक आपने अलग-अलग तरह की ध्यान विधियों के बारे में पढ़ा होगा या उनके बारे में जानकारी हासिल की होगी। उनमें से कुछ विधियों का आपने अभ्यास भी किया होगा। इस प्रक्रिया में आपने महसूस किया होगा कि आपके मन की अवस्था के मुताबिक ही ध्यान की अवस्था होती है। कई ध्यान-पद्धतियों में मन की अवस्था को महत्त्व दिया जाता है। दरअसल, ध्यान के दौरान मन की अलग-अलग अवस्थाएँ आती हैं। यहाँ ध्यान के दौरान मन की तीन मुख्य अवस्थाओं के बारे में चर्चा की गई है। इन्हें विस्तार से जानें और तीसरी अवस्था आने के लिए ध्यान-साधना करते रहें।

पहली अवस्था :

मन को शुद्ध (साफ) करना (Clearing The Mind)

मन पर कार्य करते हुए सबसे पहले इसके शुद्धिकरण को महत्त्व दें। दरअसल, इनसान का मन हमेशा विचारों में उलझा रहता है। कभी यह भविष्य के सुनहरे रास्तों पर कुलाँचे भरता है तो कभी भूतकाल की गलियों में खो जाता है। विडंबना यह है कि मन कभी वर्तमान की राह पर नहीं रहना चाहता। एक तरह से मान लीजिए कि इसकी फितरत ही ऐसी है। साथ ही यह नकारात्मक की ओर ज्यादा आकृष्ट होता है और सकारात्मक की ओर कम। शुद्धिकरण की प्रक्रिया में आपको इसे नकारात्मक से सकारात्मक विचारों की तरफ खींचना है। नफरत और द्वेष जैसे नकारात्मक विकार मन से पूरी तरह से निकाल बाहर करें। दूसरों को माफ करने और सहनशील बनने की सकारात्मक आदतें अपनाएँ। अपने मन को सत्य श्रवण और ध्यान के जरिए शुद्ध रखें।

जो मन सबके लिए मंगलकारी विचार रखता है, वह सुमन है, शुद्ध है, साफ है। विकारों से भरे मन को जब कोई शक्ति मिल जाती है, तब वह गिरने के बजाय अहंकारी बन जाता है। अहंकार से भरा मन ध्यान-साधना नहीं कर पाता, इसलिए मन का शुद्ध और साफ होना, ध्यान की शुरुआत के लिए बहुत जरूरी है। जब आप ध्यान से स्वध्यान की यात्रा करेंगे, तब मन

को शुद्ध रखना आपके लिए बहुत सरल हो जाएगा। हालाँकि शुरुआत में दया, करुणा जैसे सकारात्मक भाव लाने के लिए आपको जी-तोड़ कोशिश करना होगा। यह तो आप जानते ही हैं कि विश्व के हर धर्म और पंथ में मन की शुद्धता को महत्त्व दिया गया है। यम-नियम, पंचशील, भाईचारा, बंदगी, प्रार्थनाएँ इन सभी को हर धर्म ने महत्त्व दिया है और मन की शुद्धता बनाए रखने के लिए इन्हें आवश्यक माना है।

'जहाँ नकारात्मक विचार समाप्त हो जाते हैं,
वहाँ शुभ विचार शुरू हो जाते हैं।
जहाँ शुभ विचार होते हैं, वहाँ मन शुद्ध होता है।
शुद्ध मन से ही निर्विचार अवस्था आती है
और निर्विचार अवस्था
'आत्मसाक्षात्कार' की ओर ले जाती है।'

दूसरी अवस्था :

मन को देखना (Watching the Mind)

निर्मल होने के बाद मन को कैसे देखना है और वह कौन सी घटना पर किस तरह बरताव करता है, यह जानें। जिस तरह हवा को कोई देख नहीं सकता, मगर पत्तों के हिलने से उसके होने का एहसास होता है, उसी प्रकार मन को देखा नहीं जा सकता, मगर विचारों को जानने से मन का एहसास हो सकता है। विचार हमेशा मन की सही खबर देते हैं। यह अवस्था बहुत महत्त्वपूर्ण है और इसमें गलतियाँ होने की पूरी गुंजाइश रहती है। एक बार विचारों को देखने से मन का बरताव पूरी तरह से जाना नहीं जा सकता। इस बात को एक उदाहरण से जानें—

आप फिल्म देखते हैं या टी.वी. पर प्रोग्राम देखते हैं, तब पहली बार देखे जा रहे कार्यक्रमों की आप कुछ ही बातें जान पाते हैं। जब वही फिल्म या कार्यक्रम आप दूसरी बार देखते हैं तो आपका अनुभव कुछ अलग होता है। मन के मामले में भी ऐसा ही होता है। पहली बार फिल्म देखते वक्त कई लोगों का पूरा ध्यान सिर्फ अपने मनपसंद अभिनेता या अभिनेत्री पर होता

है। बाद में जब वे वही फिल्म दूसरी बार देखते हैं तो उनका ध्यान पसंदीदा अभिनेता से हटकर, आस-पास की वस्तुओं या पीछे नाचनेवाले लोगों पर भी जाता है।

जिस प्रकार फिल्म को बार-बार देखने से उसके कई पहलू सामने आते हैं, वैसे ही मन को बार-बार देखने से उसके कई रहस्य सामने आ सकते हैं। बिना चिपकाव मन के निरीक्षण से हर बार नई बातें और नई समझ प्राप्त हो सकती है। जो इनसान बिना चिपकाव स्वयं के मन को जानता है, उसके लिए जीवन सहज और शांतिपूर्ण हो जाता है।

तीसरी अवस्थाः

मन का मालिक बनना (Taming the Mind)

ध्यान में मन की आखिरी अवस्था है, मन का मालिक बनना। इस अवस्था में मन का नियंत्रण जबर्दस्ती नहीं, संयम और समझ से करना है। वर्तमान दौर की अलग-अलग ध्यान-पद्धतियों का अभ्यास करने से यह बात सामने आती है कि अधिकतर पद्धतियों में ध्यान जबर्दस्ती करवाया जाता है।

जैसे इनसान की धारणा होती है कि मंदिर में नकारात्मक या बुरे विचार नहीं आना चाहिए··· 'मैं शंकर का पुजारी हूँ··· मुझे ऐसा ही सोचना चाहिए··· आदि।' वैसे ही लोग ध्यान में बैठने से पहले कई तरह की बातें सोचते हैं और अलग-अलग कल्पनाएँ गढ़ते हैं।

इस बात को लेकर सतर्क रहें कि ध्यान से पहले आपकी अवस्था शांति और आराम (Relax) की हो। ध्यान से पहले यह सोचें कि 'मैं कुछ नहीं जानता, देखता हूँ इस बार ध्यान में बैठने से मुझे कौन से अनुभव आते हैं और क्या होता है ?' आपको हर बार ध्यान में आए हुए पुराने अनुभवों को बाजू में रखकर नए बनकर ध्यान में बैठना है, क्योंकि मन फितरती है और यह हमेशा पुरानी बातों को जकड़कर रखता है। ध्यान में बैठने से पहले यह न सोचें कि 'मुझे शंकर भगवान् का दर्शन करना है··· मुझे दिव्य प्रकाशपुंज देखना है··· मुझे दिव्य संगीत सुनना है··· मुझे भगवान् दिखाई देना चाहिए··· आदि।' ऐसी सभी कल्पनाओं को छोड़ दें और तुलना के विचारों से हटकर ध्यान करें। शांत

और निश्चिंत होकर ध्यान करने से आपको यकीनन मदद मिलेगी। विचारों के प्रति सही समझ आपको अपने विचारों का मालिक बनाएगी।

आपको सिर्फ यह याद रखना है कि 'मैं ध्यान में बैठा हूँ।' हालाँकि अकसर होता इसका उलटा है। ध्यान के दौरान आप यह बात भूल जाते हैं और आपको कोई कार्य याद आ जाता है और आप उसी के विचारों में उलझ जाते हैं। इस तरह विचारों में बार-बार उलझने से मन आपका मालिक बन बैठता है। ध्यान के दौरान ऐसी अवस्था न आए, इसके लिए हमेशा याद रखें कि आप ध्यान में बैठे हैं। अगर आपको ध्यान में अन्य विचार आते हैं तो वे आपके लिए ध्यान की सीढ़ी बन सकते हैं। वे विचार आपको बताते हैं कि आपका मन पूरी तरह एकाग्रित नहीं हो रहा है। आपके विचार आपको संकेत देते हैं कि आपका मन किसी और दिशा में जा रहा है, ध्यान में नहीं है।

निर्विचार अवस्था की सबसे खास बात यह है कि जब आप निर्विचार थे तो उसके बारे में आपको किसने बताया? निर्विचार अवस्था के बाद आए विचार ने कहा, 'आप निर्विचार थे।' निर्विचार होने का विचार जब तक नहीं आता, तब तक आप निर्विचार अवस्था के बारे में नहीं जान सकते। इस पायदान पर विचारों को निमित्त बनाना सीखें। जब आपके विचार आपको निर्विचार अवस्था तक लेकर जाने में निमित्त बनेंगे, तब आपका मन हमेशा एक अच्छे नौकर की तरह व्यवहार करेगा, 'नमन' (no-mind) हो जाएगा।

40

दो मिनट मनन करें / ज्ञान मनन - ध्यान

1. क्या आप भूल गए हैं कि 'शरीर में उठनेवाली गरमाहट, ठंडक और दर्द आईने का भ्रम हैं, जो स्वअनुभव के लिए निमित्त बन सकते हैं?'
2. 'ध्यान है बच्चे की तरह सरल और सहज होना। बच्चा जो हर वस्तु, इनसान और अनुभव को बिना लेबल लगाए अखंड देखता है। बच्चे की आँखें निर्दोष होती हैं और उसकी बातें स्वअनुभव से आती हैं। स्वअनुभव, जो हर इनसान बाल रूप में करता तो है, लेकिन आगे चलकर उसे भुला देता है।'
3. मुझे 'मौन' पसंद है, क्योंकि ···

   क्योंकि 'मौन' में वे सच्ची बातें याद आती हैं, जिन्हें हम भूल चुके हैं।

   क्योंकि 'मौन' में जाने के लिए प्रयास करने की जरूरत नहीं होती, मौन हमारा स्वभाव है।

   क्योंकि 'मौन' में हर बंधन से मुक्ति मिलती है।
4. मुझे मौन पसंद है, क्योंकि (लिखें) ....

   ....

   ....

   ....

   ....

   ....

   ....

स्तर

5

होश के जरिए आत्मनिरीक्षण

1 अवधान
मन को स्थिर तथा तनावमुक्त करने के उपाय

2 मनन
मनन के लिए तकनीक

3 एकाग्रता
मन को एकाग्रित करने के उपाय

4 संकल्प शक्ति
संकल्पशक्ति बढ़ाने के लिए अभ्यास

5 **उच्चतम चैतन्य**
स्वध्यान ✓

हर इनसान रोज रात को सोता है, मगर समझ के साथ नहीं सोता। आठ घंटे की नींद के बाद जब सुबह वह उठता है, तब पहले जैसा ही होता है। कई बार वह पहले से भी बदतर हो जाता है। हालाँकि इसकी कई वजहें हो सकती हैं, जैसे कई बार रात में गहरी नींद न आना तो कई बार शरीर का दर्द, आँखों की जलन और बहुत सारे सपनों की वजह से परेशान होकर उठना। रात में सही नींद न ले पाने पर व्यक्ति की सुबह परेशानी में ही गुजरती है। जब कोई व्यक्ति सोता है तो वह 'अपने होने के एहसास' में होता है। सुबह उठना यानी अपने होने के एहसास से बाहर आना। नींद एक तरह की समाधि है, मगर नींद और समाधि में अंतर है। वह अंतर क्या है और कैसे है, आइए विस्तार से जानते हैं।

नींद बेहोशी की अवस्था में की जाती है तो समाधि होश के साथ होती है। आपको सुबह उठने के बाद ही पता चलता है कि आप रातभर सो रहे थे। समाधि में ऐसा नहीं होता। समाधि में जाते वक्त आपको पता होता है कि आप समाधि में जा रहे हैं। उस वक्त सिर्फ जानना होता है और जाननेवाला स्वयं को जान रहा होता है। इसका अर्थ यह है कि जाननेवाला स्वयं देखने की वस्तु बन जाता है। आइए, इसे आगे के उदाहरण से जानते हैं।

आप आईने के सामने खड़े हैं। उस समय आप आईने में स्वयं को जान रहे होते हैं। इसका अर्थ यह है कि देखनेवाले भी आप हैं, जिसे देखा जा रहा है, वह भी आप हैं और देखने की क्रिया भी आप ही कर रहे हैं। शुरुआत में आप मानते हैं कि देखनेवाला और जिसे देखा जा रहा है, वे अलग-अलग हैं, मगर बाद में वे एक हो जाते हैं।

उसी तरह दृश्य, द्रष्टा और दर्शन जब एक हो जाते हैं, तब समाधि अवस्था प्रकट होती है। वैसे आप यह बात जानते हैं कि दृश्य, द्रष्टा और दर्शन तीनों अलग-अलग बातें हैं। जब आप किसी वस्तु को देखते हैं, तब देखनेवाले आप होते हैं, जिसे देखा जाता है, वह वस्तु आपसे अलग होती है और देखने की क्रिया भी अलग होती है। जब आप स्वयं को देखते

हैं, तब ऐसा नहीं होता। आईने के उदाहरण से यही समझें कि स्वयं को देखते हुए त्रितत्त्व एक साथ होते हैं और समाधि अवस्था प्रकट होती है। यह अवस्था प्रकट होने के बाद आप एक होने की अवस्था से ही विश्व को देखते हैं। आप स्वयं दृश्य, द्रष्टा और दर्शन बन जाते हैं। इस तरह विश्व के त्रितत्व का रहस्य आपके सामने प्रकट होता है।

इसी अवस्था को दर्शन अवस्था भी कहा गया है। इसे किसी भी नाम से जाना जा सकता है, जैसे दर्शन अवस्था, दृश्य-द्रष्टा-दर्शन अवस्था आदि। ये सारे नाम सिर्फ इशारा है, समाधि के अंतिम अनुभव की पहचान करवाने के। समाधि अवस्था को एक और रूपक के जरिए समझ सकते हैं, जैसे समाधि ऐसी अवस्था है, जहाँ पर चित्रकार स्वयं चित्र बन जाता है, यानी द्रष्टा स्वयं दर्शन बन जाता है।

समाधि और नींद में अंतर

समाधि और नींद की अवस्था एक-दूसरे से मिलती-जुलती है। ध्यान करते वक्त कई बार लोग निद्रा में चले जाते हैं और उन्हें इस बात का एहसास भी नहीं होता। जब उन्हें कोई जगाता है, तब उन्हें पता चलता है कि वे सो रहे थे। इनसान नींद में तो बेहोशी और अज्ञान के साथ जाता है, मगर समाधि में अज्ञान से नहीं जा सकता।

नींद में बेहोशी के साथ अज्ञान भी होता है, मगर समाधि में समझ होती है। समाधि में आप हाँ-की के साथ जाते हैं। इनसान का मन मान्यताओं के पिंजरे की तरह होता है और समझ है वह पिंजरा खोलने की चाबी। यही चाबी लेकर समाधि की यात्रा हो सकती है। हाँ-की का अर्थ है स्वीकार की भावना की चाबी। अगर आपके मन में स्वीकार की भावना है तो आप समाधि में उसी भावना के साथ और हर इच्छा से मुक्त होकर जा सकते हैं।

समाधि-अवस्था में कोई चेकर नहीं होता। चेकर यानी जाँच करनेवाला मन सतत यह जाँच करता रहता है कि 'क्या मैं वाकई समाधि अवस्था

में हूँ? कल मुझे जो अनुभव मिला था, वह आज क्यों नहीं आ रहा है?' इन विचारों के बावजूद पहले जैसा अनुभव आए या न आए आपको ध्यान करते हुए, हर इच्छा से मुक्त होकर समाधि-अवस्था में जाना चाहिए। ध्यान के दौरान आपको कुछ बातें स्वीकार हों या न हों या आपको उसका कोई फायदा हो या न हो, आपकी मौजूदगी सबसे महत्त्वपूर्ण है। रोजाना ध्यान करने की निरंतरता जारी रखें और समाधि (सर्वोच्च ध्यान) में भी जाएँ। जहाँ स्वीकार, समझ और ज्ञान की भावना होती है, वहाँ अज्ञान और बेहोशी टिक नहीं सकते। इसके जरिए समाधि और नींद का अंतर समझें।

41

विचारों का ध्यान

1. ध्यान के लिए चुने हुए आसन और मुद्रा में आँखें बंद करते हुए बैठें।

2. अब स्वयं के विचारों को देखें। यह देखें कि आपके मन में कौन से और किस तरह के विचार चल रहे हैं।

3. कुछ विचार आने के बाद कई बार शरीर उस पर तुरंत क्रिया करना चाहता है। जैसे ध्यान के दौरान अगर आपको विचार आया कि मुँह पर खुजली हो रही है तो वहाँ खुजलाने के लिए तुरंत आपका हाथ हिल जाता है, मगर इस ध्यान में आपको ऐसा नहीं करना है। आपको शरीर को बिना हिलाए मन में चल रहे विचारों को अलग होकर जानना है। आपको बस जानते रहना है कि मन में कौन से विचार चल रहे हैं··· अलग-अलग विषयों पर किस तरह के विचार आते हैं··· कौन से विषय पर ज्यादा विचार आते हैं··· कौन से विषय पर कम विचार आते हैं··· आदि।

4. विचारों को केवल साक्षी भाव से देखते रहें, जानते रहें। किसी विचार को अच्छा या बुरा न कहें। विचारों के

दरमियान 'मुझे और विचार चाहिए या नहीं चाहिए', ऐसी कोई इच्छा न रखें।

5. शुरुआत में यह ध्यान पाँच मिनट के लिए करें। फिर धीरे-धीरे समय बढ़ाते जाएँ। जब आप इस ध्यान में पक जाएँगे, तब आगे दिया हुआ विचार गिनती ध्यान जरूर करें।

42 विचार गिनती ध्यान

इस ध्यान में निर्विचार होने के लिए विचारों को क्रमांक दिया जाता है। उसके बाद उस विचार के पीछे न जाते हुए अगले विचार को क्रमांक दिया जाता है। निर्विचार होने के लिए यह ध्यान बहुत उपयोगी है। आइए, निर्विचार अवस्था तक पहुँचानेवाले इस ध्यान की विधि जानते हैं।

ध्यान विधि :

1. अपनी चुनी हुई ध्यान-अवस्था और मुद्रा में आँखें बंद करते हुए बैठें।

2. ध्यान की शुरुआत में आनेवाले हर विचार को जानें।

3. आगे हर विचार को क्रमांक देना शुरू करें। विचार आने के बाद मन-ही-मन कहें, 'एक'। दूसरा विचार आए तो 'दो' कहें। इस तरह आनेवाले हर विचार को क्रमांक देते रहें, उस विचार के पीछे न जाएँ।

4. जब कोई विचार न हो, तब शांति से बैठे रहें। उस वक्त यदि यह विचार आए कि 'मुझे इस वक्त कोई विचार नहीं आ रहा है' तो उस विचार को भी क्रमांक दें। यह बात समझें कि 'मुझे इस वक्त कोई विचार नहीं आ रहा

है', यह भी एक विचार है।

5. ध्यान के दौरान यह खयाल रखें कि किसी भी विचार के पीछे-पीछे न जाएँ, बल्कि उसे क्रमांक देकर छोड़ दें।

   इस ध्यान को लगातार करने से आपके विचार बहुत कम हो जाएँगे और कभी-कभी निर्विचार अवस्था आएगी, लेकिन बिना फल की इच्छा किए यह ध्यान नियमित करते रहें।

43 विचार अंतराल ध्यान

1. अपनी चुनी हुई ध्यान-अवस्था और मुद्रा में आँखें बंद करते हुए बैठें।

2. शरीर के हर अंग को महसूस करें, यानी पूरे शरीर में ध्यान से चक्कर लगाएँ।

3. शरीर का अनुभव करने के बाद अपने विचारों को चलते हुए देखें। अपना ध्यान विचारों में एकाग्रित करें। महसूस करें कि विचार आ रहे हैं और जा रहे हैं। विचारों को स्वाभाविक और सहज ढंग से चलने दें। महसूस करें कि विचार कभी नकारात्मक होते हैं तो कभी सकारात्मक, कभी काम के विचार आते हैं तो कभी बोरडम के। हर तरह के विचार में अपने शरीर को स्थिर रखें।

4. जानेवाले और आनेवाले विचार के बीच अंतराल (गैप) होता है। विचारों को देखते हुए उस अंतराल को देखने की कोशिश करें, फिर वह चाहे एक पल का हजारवाँ हिस्सा ही क्यों न हो। उस अंतराल पर मन को एकाग्र करें। महसूस करें कि उस अंतराल में विचार नहीं हैं,

उस पल में सब कुछ रुका हुआ है, सब कुछ मौन है । मन में ठान लें कि 'मैं हर तरह के विचारों के बीच, मौन को साक्षी भाव से जानता रहूँगा।'

5. अगर दो विचारों के बीच का अंतराल छूट जाए तो चिंता न करें, आनेवाले अंतराल पर ध्यान दें। ध्यान के दौरान लगातार स्वयं के विचारों के बीच अंतराल का निरीक्षण करते रहें। रेलगाड़ी के दो डिब्बों के बीच जो अंतराल होता है, उस अंतराल में सामनेवाले प्लेटफॉर्म (स्वसाक्षी) का दर्शन होता है।

यह ध्यान करने के बाद आप तरोताजा महसूस करेंगे, क्योंकि हर रोज विचारों में खर्च होनेवाली शक्ति इस ध्यान के जरिए संचित होगी।

44

संपूर्ण ध्यान

पुस्तक में अब तक दी गई विधियों में 'स्वअनुभव का ध्यान' एक छूटी हुई कड़ी है। ध्यान तभी पूर्ण होता है, जब होश के जरिए आत्मनिरीक्षण होता है। संपूर्ण ध्यान बाकी ध्यान विधियों को साथ में लाता है और आपको अंदर जाकर यह देखना सिखाता है कि कौन ध्यान कर रहा है। जब आप यह पूछने के लिए अंदर जाते हैं कि कौन ध्यान कर रहा है, तब मन गिर जाता है। जब चेतना सो जाती है, तब मन मालिक बन बैठता है। मन तब नौकर बन जाता है, जब चेतना स्वध्यान की शक्ति से अपने मालिक होने की घोषणा करती है। स्वध्यान में क्या होता है? अनुभवकर्ता, अनुभवकर्ता का, अनुभव में, अनुभव करता है।

इस ध्यान को नीचे दी गई प्रक्रिया से शुरू करें। पहले बार-बार पढ़कर, इस ध्यान-प्रणाली को मन में अच्छे से बैठा लें या टेप में सारी सूचनाएँ क्रमबद्ध तरीके से रेकॉर्ड कर लें और टेप चलाकर सूचनाओं के अनुसार ध्यान करें। आइए, जीवन के अंतिम अनुभव को जाननेवाले इस ध्यान की विधि जानते हैं।

ध्यान विधि :

1. अपनी चुनी हुई ध्यान-अवस्था और मुद्रा में आँखें बंद करते हुए बैठें। ध्यान की शुरुआत में बिना किसी विशेष अनुभव की अपेक्षा रखते हुए, उत्तम परिणाम पाने के लिए प्रार्थना करें।

2. शरीर को स्थिर रखते हुए अपने चारों तरफ चल रही आवाजों को सुनें। अलग-अलग तरह की कम-से-कम पाँच आवाजों को पहचानें। पहचानने की प्रक्रिया में जल्दबाजी बिल्कुल न दिखाएँ। शांत मन से अपना ध्यान एक आवाज को सुनकर अगली आवाज की तरफ लगाएँ। किसी भी आवाज में अटककर उसे ही न सुनते रहें। केवल आवाज को पहचानें और आगे बढ़ें।

3. आवाजों के अलग-अलग प्रकार होते हैं, जैसे पंखे के चलने की आवाज में भी अलग-अलग तरह की सूक्ष्म आवाजें छिपी होती हैं। इन सभी सूक्ष्म आवाजों को सुनने की कोशिश करें। लोगों की बातचीत, बरतनों के टकराने की आवाज, बच्चों के खेलने की आवाज, अलग-अलग वाहनों के हॉर्न व मोटर की आवाज, किसी चीज के गिरने की आवाज, चलने की आवाज, टी.वी, टेप, रेडियो की आवाज, पक्षियों की आवाज, कुत्तों के भौंकने, झगड़ने की आवाज, पानी के बहने की आवाज, सीटी की आवाज, हँसने या रोने की आवाज, इस तरह हर

आवाज को पहचानें। जब कोई भी आवाज न हो तब मौन की आवाज को जानने की कोशिश करें, सन्नाटे का एहसास करें।

4. अपने चारों तरफ, हर तरह की आवाज को पकड़ने की कोशिश करें। हवाई जहाज की आवाज में भी विभिन्नता होती है, इसलिए सूक्ष्म-से-सूक्ष्म आवाज को पहचानें। अपना ध्यान चारों तरफ से आनेवाली आवाजों पर लगाएँ। कम-से-कम पाँच अलग-अलग आवाजें सुनें। चाहे वे स्थूल हों, मध्यम हों या सूक्ष्म।

5. पाँच अलग-अलग आवाजें सुनने के बाद स्वयं से पूछें, 'क्या मैं ये आवाज हूँ?' जवाब आएगा, 'नहीं, मैं ये आवाज नहीं हूँ, मैं आवाज को जाननेवाला हूँ' तो अंदर झाँककर देखें कि यह जाननेवाला कौन है? कान का कान कौन है? स्वयं से कहें, 'मैं आवाज नहीं हूँ।'

6. आवाजें सुनने के बाद अपना ध्यान वातावरण पर केंद्रित करें। आप जहाँ ध्यान के लिए बैठे हैं, वहाँ चारों तरफ के वातावरण को महसूस करें। जैसे वहाँ गर्माहट है, ठंडक है, सूखा है, गीला है, शरीर हलका है, वजनदार है या हवा में तेजी है या ताजगी है या हवा कम है। सभी बातों को महसूस करें।

7. अगर आपको हवा महसूस हो रही है, गरमाहट या सर्दी महसूस हो रही है तो स्वयं से पूछें, 'क्या मैं यह वातावरण हूँ?' जवाब आएगा, 'नहीं, मैं यह वातावरण नहीं हूँ, मैं इस वातावरण को जाननेवाला हूँ।' फिर स्वयं को 'पलट' कहकर उस जाननेवाले को जानें। स्वयं से कहें, 'मैं यह वातावरण नहीं हूँ।'

8. अब अपना ध्यान शरीर पर केंद्रित करें। शरीर में आपको जहाँ अकड़न या दर्द महसूस हो रहा हो, उसे अनुभव से जानें। दर्द को जानते वक्त शरीर किसी प्रकार से हिलने न दें।

9. पूरे शरीर में जहाँ हलकापन या भारीपन महसूस हो रहा है, जहाँ कपड़ा छू रहा है, हवा छू रही है, जहाँ खुजली या सूखापन महसूस हो रहा है, जहाँ पसीना आ रहा है, जहाँ जलन महसूस हो रही है, वह स्थान महसूस करें। इस तरह शरीर पर या शरीर के भीतर सभी जगह पर होनेवाली हर तरह की कठोर अथवा सूक्ष्म संवेदना को देखें।

10. ध्यान में 'देखें' का अर्थ होता है 'जानना।' जानते वक्त किसी भी तरह की कोई कल्पना न करें, बल्कि शरीर में या शरीर पर जो हो रहा है, उसे महसूस करें। जो वर्तमान में हो रहा है, उस एहसास को भगाएँ नहीं। वह एहसास न अच्छा है और न ही बुरा, वह जैसा है उसे वैसे ही महसूस करें। सभी संवेदनाओं को देखने और यह जानने के बाद कि पूरे शरीर में क्या हो रहा है, स्वयं से पूछें, 'क्या मैं ये संवेदनाएँ हूँ?' जवाब आएगा, 'नहीं, मैं ये संवेदनाएँ नहीं हूँ, मैं इन्हें जाननेवाला हूँ' तब तुरंत पलटकर उस जाननेवाले पर शिफ्ट हो जाएँ, अपने अंदर पहुँच जाएँ। स्वयं से कहें, 'मैं यह संवेदना नहीं हूँ।'

11. अब अपना ध्यान साँस पर केंद्रित करें। सहजता से देखें कि साँस कैसे चल रही है। यह महसूस करें कि किस नासिका से साँस अंदर जा रही है और किस नासिका से बाहर आ रही है। जब साँस अंदर जा रही है, तब आपको पता चल रहा है कि साँस अंदर जा रही है। जब साँस बाहर आ रही है, तब भी आपको पता चल रहा है कि साँस बाहर आ रही है।

12. जब साँस नासिका के द्वार पर टकराती है, तब आपको साँस का टकराना महसूस होता है। अंदर जानेवाली और बाहर आनेवाली साँस गरम है या नहीं है, यह जितना गहराई में जान सकते हैं, जानते रहें।

13. अगर आपका ध्यान बीच में भटक जाए तो उसे वापस साँस पर लेकर आएँ। यह भी जानें कि साँस अंदर आवाज करते हुए गई या बिना आवाज के, बाहर आवाज करते हुए लौटी या बिना आवाज के। साँस सूक्ष्म है, गहरी है, उथली है या भारी है, साँस जैसी भी है; उसे बिना कोई लेबल लगाए जानते रहें। शरीर को कम-से-कम हिलाते हुए साँस को जानें।

14. साँस बाईं नासिका (चंद्र नाड़ी) से जा रही है या दाईं नासिका (सूर्य नाड़ी) से, यह जानते रहें। इस तरह आप ध्यान की तैयारी कर रहे हैं और स्वध्यान की ओर जा रहे हैं। निरीक्षण करते हुए इस पायदान पर स्वयं से पूछें, 'क्या मैं यह साँस हूँ?' जवाब आएगा, 'नहीं, मैं यह साँस नहीं हूँ, मैं साँस को जाननेवाला हूँ।' अब उस जाननेवाले को जानें और स्वयं से कहें, 'मैं साँस नहीं हूँ।'

15. अब अपना ध्यान साँस से हटाकर अपने अंदर उठनेवाले विचारों को देखने में लगाएँ। इस वक्त मन में जो विचार उठ रहे हैं, उन्हें जानें। एक विचार को जानने के बाद मन में जो अगला विचार आएगा, उसे जानें। पहलेवाले विचार को जानने की कोई आवश्यकता नहीं है। एक विचार को देखने के बाद कहें, 'अगला (Next)।'

    फिर यदि यह विचार आए कि 'कोई विचार ही नहीं आ रहा है।' तब यह समझ जाएँ कि यह भी एक विचार है। इसे

देख लेने के बाद कहें, 'अगला (Next)।' जैसे-जैसे आप विचारों को देखते जाएँगे, वैसे-वैसे आप विचारों से अलगाव का आनंद भी ले पाएँगे। मन में जो भी विचार आ रहे हैं, उन्हें जानते हुए स्वयं से पूछें, 'क्या मैं यह विचार हूँ?' जवाब आएगा, 'नहीं, मैं यह विचार नहीं हूँ, मैं तो इस विचार को जाननेवाला हूँ।' अब उस जाननेवाले को जानें। बिना शरीर हिलाए विचारों को जानें और स्वयं से कहें, 'मैं यह विचार नहीं हूँ।'

16. अब अपना ध्यान हाथों पर केंद्रित करें। यह जानें कि हाथों में कैसा महसूस हो रहा है। अपना ध्यान अपनी बाँहों में ले जाएँ और वहाँ आपको कौन सा अनुभव महसूस हो रहा है, उसे जानें। जैसे आपको अपनी बाँहें महसूस नहीं हो रही हैं या वजनदार महसूस हो रही हैं या हो सकता है कि हलकी महसूस हो रही हैं। जो भी महसूस हो रहा है, उसे जानें। स्वयं से पूछें, 'क्या मैं ये हाथ हूँ?' जवाब आएगा, 'नहीं, मैं ये हाथ नहीं हूँ, मैं इन्हें जाननेवाला हूँ।' फिर तुरंत पलटकर उस जाननेवाले को जानें, जो इन हाथों को जान रहा है। यदि आप स्वयं को न भी जान पाएँ तो भी बिना निराश हुए ध्यान जारी रखें।

17. यदि आप हाथ नहीं हैं तो आप कौन हैं, यह जानने के लिए अपना ध्यान पैरों में लेकर जाएँ। यह जानें कि आपको अपने पैर महसूस हो रहे हैं या नहीं, उसमें दबाव या हलकापन महसूस हो रहा है या नहीं। अच्छे-बुरे का लेबल न लगाते हुए स्वयं से पूछें, 'क्या मैं ये पैर हूँ?' जवाब आएगा, 'नहीं, मैं इन्हें जाननेवाला हूँ।' तब उस जाननेवाले को जानें। स्वयं से कहें कि 'मैं पैर नहीं हूँ।' स्वयं से यह सवाल जरूर पूछें

कि यदि आप पाँव नहीं हैं तो कौन हैं ?

18. आप कौन हैं, इसका जवाब जानने के लिए ध्यान अपनी पीठ में लेकर जाएँ। पीठ कैसी महसूस हो रही है, यह जानें। कंधे से लेकर कमर तक हलकी, वजनदार, दर्द या दबाव, जैसा भी महसूस हो रहा है, उसे जानें। स्वयं से पूछें, 'क्या मैं यह पीठ हूँ ?' जवाब आएगा, 'नहीं, मैं इस पीठ को जाननेवाला हूँ।' पलटकर उस जाननेवाले को जानें और स्वयं से कहें, 'मैं पीठ नहीं हूँ।'

19. अब अपना ध्यान धड़ में ले आएँ, हृदय पर ले आएँ और यह जानें कि पूरे हिस्से में कैसा महसूस हो रहा है। अपने आपसे पूछें, 'क्या मैं पेट हूँ ? क्या मैं हृदय हूँ ? क्या मैं गरदन हूँ ? क्या मैं कंधा हूँ ? और अगर मैं ये सब नहीं हूँ तो मैं कौन हूँ ? मैं इन सबको जाननेवाला हूँ' तो तुरंत पलटकर उस जाननेवाले को जानें।

20. अब अपना ध्यान चेहरे पर केंद्रित करें। यदि आप धड़ नहीं हैं तो अपने चेहरे को महसूस करें। अपने चेहरे के चारों तरफ से जानें कि आपको अपना चेहरा महसूस हो रहा है या नहीं, चेहरे पर हलकापन या पसीना महसूस हो रहा है या नहीं। यह जानें कि आँखों पर दबाव है या आँखें हलकी महसूस हो रही हैं। फिर स्वयं से पूछें, 'क्या मैं यह चेहरा हूँ ?' जवाब आएगा, 'नहीं, मैं चेहरे को जाननेवाला हूँ।' पलटकर उस जाननेवाले को जानें।

21. अपने आपसे पूछें, 'मैं यह चेहरा नहीं हूँ, मैं यह शरीर नहीं, शरीर के अंग मैं नहीं, शरीर में चलनेवाली साँस मैं नहीं, शरीर के अंदर का मन मैं नहीं, विचार मैं नहीं तो मैं कौन हूँ ? मैं

इन्हें जाननेवाला हूँ। मैं स्व का ध्यान करने के लिए और स्व को जानने के लिए शरीर के साथ जुड़ा हूँ।' जैसे ही आपको यह समझ मिलेगी तो आपका शरीर से चिपकाव टूट जाएगा। आप शरीर का इस्तेमाल करेंगे, न कि शरीर आपका। कुछ देर बाद इसी अवस्था में रहते हुए आँखें खोलें।

22. आँखें खुली रखकर इसी अनुभव में बाहर टहलने जाएँ। शरीर को चलते हुए, काम करते हुए देखें।

इस अनुभव में हमें जो समझ मिली, जो ताजगी, आंतरिक शक्ति हमने प्राप्त की, जो शिफ्टिंग (बदलाहट) हमें मिली, उस पर जरूर मनन करें। संपूर्ण ध्यान के साथ जो सीखा, समझा, उस पर भी मनन करें। यह प्रज्ञा आपको रूपांतरित करके स्वबोध में स्थापित करेगी।

संपूर्ण ध्यान हर इनसान के लिए स्नान की तरह आवश्यक है। रोज यह ध्यान करने से हमारे मन की स्लेट साफ हो जाती है। मन को केवल विचारों से भरने से, स्लेट साफ न करने की वजह से, तनाव निर्मित होता है। यह ध्यान आपको तनाव से मुक्त करके स्वबोध का आनंद दिलाता है।

45

दो मिनट मनन करें / ज्ञान मनन - ध्यान

1. क्या आप भूल गए हैं कि 'हर दृश्य को देखकर आपको अपने होने का आनंद लेना है ?'
2. 'सिर्फ एक शब्द'
   राजा ने एक पारखी से पूछा,
   'लोगों की भलाई के लिए एक पंक्ति में बताएँ कि धर्म का सार क्या है ?'
   पारखी ने कहा, 'मैं इस सवाल का जवाब एक शब्द में बताऊँगा।' राजा ने पूछा, 'बहुत अच्छा! वह शब्द जल्दी बताएँ।'
   ... 'मौन'
   ... 'फिर मौन को कैसे पाएँ ?'
   ... 'ध्यान करके।'
   ... 'ध्यान कैसे करें ?'
   ... 'मौन होकर।' राजा मौन हो गया, क्या आप भी ?
3. मुझे 'मौन' पसंद है, क्योंकि ...
   क्योंकि 'मौन' की शुरुआत से खुशी की शुरुआत होती है।
   क्योंकि 'मौन' से मनन में पूर्णता आती है।
   क्योंकि 'मौन' के सागर में विचारों की लहरें उठती हैं तो विलीन भी हो जाती हैं।
4. मुझे मौन पसंद है, क्योंकि (लिखें) ....
   ....
   ....
   ....
   ....
   ....
   ....

खंड

2

ध्यान साप्ताहिकी

हर दिन ध्यान - स्वध्यान

46

सोमवार

सुरक्षित ध्यान

मन-डे

सामान्यत: हर ध्यान बंद आँखों से करने के लिए कहा जाता है। वह इसलिए, क्योंकि आँखें बंद करने के बाद आप सुरक्षित वातावरण में पहुँच जाते हैं। यह ऐसा वातावरण होता है, जहाँ आपको दृश्य नहीं खींचते। अन्यथा खुली आँखों से जब आप कोई दृश्य देखते हैं तो आपके मन में उससे संबंधित विचार तुरंत शुरू हो जाते हैं। आपने टी.वी. पर कोई टॉक शो देखा तो आप तुरंत उसके बारे में सोचने लगते हैं। आस-पड़ोस में आपने कुछ देखा तो आपके विचार उस दिशा में दौड़ने लगते हैं। खुली आँखों से आप कई तरह की बातें देखते या पढ़ते हैं, जैसे किसी को उठते-बैठते देखते हैं, किसी को आते-जाते देखते हैं या मैगजीन-पुस्तकें पढ़ते हैं। अगर आप खुद किसी बात का चुनाव नहीं करते तो आपकी आदतें काम का चुनाव करती हैं और आप उसी मुताबिक बरताव करते हैं।

जैसे यदि किसी दिन आपने निर्णय लिया कि 'मैं आज दिनभर हर जगह हरा रंग देखूँगा' तो इस चुनाव से आपको दिशा मिलेगी। उस दिन पूरा समय आपका ध्यान हरे रंग की वस्तुओं पर ही होगा। हो सकता है कि उस दिन आपको हरी वस्तुएँ इतनी ज्यादा दिखाई दें कि आपको लगने लगे कि हरे रंग की वस्तुओं की संख्या बढ़ गई है या अचानक आपको हरे रंग की वस्तुएँ दिखाई देने लगी हैं।

जिस पल आप चुनाव करते हैं, उसी पल आपको एक दिशा मिल जाती है। अगर आँखों को प्रशिक्षण नहीं है तो वे भटक जाती हैं और जो दिखाई देता है. उसी पर सोचना शुरू कर देती हैं। जब आपको आँख बंद करने के लिए कहा जाता है, तब आप सुरक्षित वातावरण में पहुँच जाते हैं। हालाँकि उस अवस्था में भी कान खुले हैं, आवाजें आ सकती हैं, मगर मानव शरीर में आँखें सबसे ज्यादा संवेदनशील अंग है। आँखें शरीर में विचार तैयार करने का सबसे बड़ा मार्ग हैं, इसलिए ध्यान के दौरान लोगों को सबसे पहले आँखें बंद रखने के लिए कहा जाता है।

हकीकत में ध्यान का लक्ष्य यह है कि खुली आँखों से भी इनसान सहज ध्यान कर पाए, मौन में जा पाए। शुरुआत में यह संभव नहीं होता, इसलिए अभ्यास के जरिए ध्यान-अवस्था में बैठाकर कुछ कार्य करने के लिए कहा जाता है और सही तरीके से देखने की कला सिखाई जाती है। आँखें बंद करने के बाद विचारों को दिशा देने की कला आना सबसे महत्त्वपूर्ण है। अगर आपने यह कला सीख ली तो आगे आप खुली आँखों से भी सही तरीके से देख पाएँगे। देखने की कला का अर्थ है, जानने की कला। देखने का शब्दश: अर्थ न लें कि आपको देखने की क्रिया करना है, बल्कि देखने का अर्थ है जानना, आंतरिक रूप से जानना।

सुरक्षित ध्यान आपको आंतरिक रूप से सुरक्षित बनाता है और स्वयं के जिंदा होने के एहसास के साथ जोड़ता है। आइए इस ध्यान की विधि जानते हैं।

ध्यान विधि :

1. अपनी चुनी हुई मुद्रा और आसन में आँखें बंद करके बैठें।
2. ध्यान-अवस्था में शरीर को सीधा रखें। ऐसा करते वक्त शरीर पर तनाव न आने दें। बिना टेंशन के इंटेंशन लेते हुए ध्यान-अवस्था में बैठें।
3. दिनभर तो आप माया के विचार करते ही हैं। ध्यान के लिए बैठने के बाद इन विचारों को किनारे करें।

4. आँखें बंद करने के बाद ध्यान की पूर्व तैयारी करें। हम ध्यान क्यों और कैसे करने जा रहे हैं, इसकी सही समझ है ध्यान की पूर्व तैयारी।

   ध्यान करने के लिए हमें बाहरी रूप से तैयारी करनी होती है, जैसे कालीन बिछाना, ढीले वस्त्र पहनना इत्यादि। इसके साथ-साथ ध्यान की आंतरिक तैयारी करने की भी आवश्यकता होती है। ध्यान की आंतरिक रूप से तैयारी करते हुए ध्यान का उद्‌देश्य और ध्यान के दौरान क्या करना है, इसकी समझ बहुत आवश्यक है। इसी समझ को ध्यान की पूर्व तैयारी कहा जाता है। अगर हमने आंतरिक रूप से ध्यान की पूर्व तैयारी नहीं की तो ध्यान से हमें जो लाभ मिलना चाहिए वह नहीं मिलेगा, इसलिए ध्यान की पूर्व तैयारी करना जरूरी है।

5. आंतरिक रूप से ध्यान की पूर्व तैयारी करते हुए अपने मन से कहें, 'अब तुम कुछ मत करो और कुछ न करने का कार्य भी मत करो।' इस तरह ध्यान में केवल उपस्थित रहें। ध्यान के दौरान आईना बनकर समर्पित अवस्था में रहें, ताकि शरीर जरूरत के समय पर स्वअनुभव करने में सहयोग कर पाए। पूर्व तैयारी करते हुए कुदरत के साथ लयबद्ध होकर ऊर्जा का संतुलन बनाए रखें।

6. जैसे इस वक्त आप अपने जिंदा होने के एहसास को आंतरिक रूप से जान रहे हैं। हालाँकि उसके साथ-साथ शरीर भी कह रहा है, 'मुझे भी जानो··· मुझे भी जानो···' फिर भी आपका ध्यान अपने जिंदा होने के एहसास पर ही है। आपको शरीर का वजन महसूस होता है, आकार महसूस होता है या कुछ हिस्सा वजनदार लगता है तो इसका अर्थ है—शरीर उसे जानने की माँग कर रहा है।

7. ध्यान-अवस्था में शरीर को जानने में कोई ऐतराज नहीं है, मगर उसे सिर्फ जानें, उसमें न उलझें। शरीर को जानते हुए स्वयं के होने की अनुभूति पर या अपने जिंदा होने के एहसास पर रुक जाएँ, ठहर जाएँ।

8. ध्यान के दौरान आपका शरीर चिल्लाएगा या शरारती बच्चे की तरह ध्यान खींचना चाहेगा। उस वक्त उस पर ध्यान देकर फिर से स्वयं को याद करें। हालाँकि उस समय भी स्वयं की स्मृति बनी रहना चाहिए। इनसानी आदत के मुताबिक ध्यान छूटने की पूरी संभावना है, मगर फिर से समझ को याद करते हुए स्वयं पर जाएँ। इस समझ के बिना जब लोग ध्यान करते हैं तो ध्यान का संपूर्ण लाभ नहीं ले पाते। समझ के बिना ध्यान करने से शारीरिक स्तर पर थोड़ा सा लाभ जरूर मिलता है, जैसे तनाव कम होता है, बैठने की आदत पड़ती है आदि। इससे आपकी अच्छी शुरुआत होगी, मगर संपूर्ण लाभ (तेजलाभ) यानी दृढता बढ़ाने का लाभ नहीं मिल पाता।

9. ध्यान के दौरान अपने होने की दृढता होनी चाहिए। शरीर से परे अपने होने का एहसास और उसकी दृढता बहुत आवश्यक है। यहीं ध्यान का उच्चतम लाभ है। शरीर से परे स्वयं के होने का अनुभव आवश्यक है, मगर वह अनुभव शरीर की वजह से ही होता है इसलिए शरीर की उपस्थिति भी आवश्यक है। शरीर की उपस्थिति में स्वयं का अनुभव हो पाता है इसलिए शरीर को निमित्त कहा गया है। इस तरह बैठने में आनेवाली बाधा मिट जाती है। हर रोज ध्यान में बैठना ऐसा कार्य है, जो रोज नहीं किया जाता, इसलिए शरीर ध्यान का प्रतिरोध करता है।

10. ध्यान के लिए एक जगह बैठने के बाद शरीर के अनेक राज सामने आने लगते हैं, इसलिए मन है कि एक जगह बैठना नहीं

चाहता। जो साधक समझदार होता है, वह इसे साधारण (नॉर्मल) समझकर ध्यान करना जारी रखता है। वह हर रोज 'कुछ नहीं' की खरीददारी करता है।

11. इस वक्त आप आँखें बंद करते हुए बैठे हैं। ध्यान के शुरुआत में हो रही सुविधा इस स्तर पर कम हो जाएगी और आप सहजता महसूस करेंगे। कुछ लोगों को शारीरिक पीड़ा की वजह से असुविधा महसूस हो रही होगी। समय के साथ आप देखेंगे कि सही समझ के साथ आप शरीर को अलगाव की भावना, अनासक्ति की भावना से देख पाते हैं।

12. इस वक्त आप सुरक्षित ध्यान कर रहे हैं। आपकी आँखें बंद हैं, इसलिए आप कई बातों से सुरक्षित हैं। यहाँ पर सुरक्षा का अर्थ किसी शारीरिक सुरक्षा से नहीं जुड़ा है। सुरक्षा यानी किसी शारीरिक हमले से सुरक्षा की बात नहीं चल रही है। यह असुरक्षा है अपने केंद्र से दूर जाने की, अपने तेजस्थान से दूर हो जाने की, स्वयं को भुलाने की, भूल जाने की। जो इनसान अपने केंद्र पर कायम रह पाता है, वह सुरक्षित है। यह उम्मीद की जा सकती है कि जब आप आँखें बंद करके अपने जिंदा होने का एहसास कर पाते हैं, तब आँखें खोलकर भी सुरक्षित रह पाने की संभावना होगी। इसी सुरक्षा की भावना के साथ ध्यान-अवस्था में बैठे रहें।

13. जैसे आपने ध्यान में बैठने से पहले पूर्व तैयारी की, उसी तरह ध्यान की समाप्ति से पहले अपूर्व तैयारी करें। अपूर्व तैयारी का अर्थ है कि ध्यान समाप्ति के बाद आप उसे खुली आँखों से कितने समय तक जारी रखना चाहते हैं, यह तय करना। इस विचार के साथ-साथ आपके भीतर इस वक्त शांति का अनुभव भी चल रहा है, इसलिए इसे अपूर्व तैयारी कहा गया है। यह तैयारी केवल बुद्धि से न करें, बल्कि हृदय के साथ करें, क्योंकि

इस वक्त आपके ध्यान का एक हिस्सा अपने हृदय पर भी है।

अपूर्व तैयारी के दौरान स्वयं से कहें, 'अब मैं आँखें खोलकर अपना कार्य करते हुए ध्यान में प्राप्त हुई समझ को याद रखूँगा। मैं प्रतिपल यह कोशिश करूँगा कि दिनभर हर कार्य जैसे—चलना, बोलना, सुनना आदि ध्यान की समझ के साथ ही करूँगा।' हो सकता है कि ऐसा करने से आपके कार्य करने की गति कुछ समय के लिए कम हो जाए, मगर फिर भी आपको यह प्रयोग जरूर करना है, ताकि उसकी आदत आपके शरीर में विकसित हो पाए।

14. दिनभर इस तरह कार्य करना आपको मुश्किल लगे तो शुरुआत में ध्यान के उपरांत कुछ समय के लिए यह प्रयोग जरूर करें और धीरे-धीरे इसका समय बढ़ाएँ। ध्यान की समाप्ति से पहले ही स्वयं को बताएँ कि आँखें खोलने के बाद भी आप स्वअनुभव को याद रखनेवाले हैं।

15. अपूर्व तैयारी की बातें याद रखते हुए बज़र बजने के बाद आँखें खोलें और तय किए हुए समय तक स्वअनुभव की अवस्था में रहें।

47

मंगलवार

दिशा-ध्यान

मंगल-दिवस

दिशा-ध्यान करते हुए हमेशा आपका ध्यान भीतर की ओर रहे। बाहरी दुनिया के विचारों में न उलझते हुए, दिशा-ध्यान द्वारा स्वयं के जिंदा होने के एहसास को जानते रहें। ध्यान में बैठने के बाद कई बार आप विचारों में उलझ जाते हैं। ऐसी अवस्था में अपने ध्यान को सही दिशा देने से आपको उसका संपूर्ण लाभ मिल पाएगा। वरना आप विचारों में ही भटकते रहेंगे और ध्यान के अंत में सोचेंगे कि 'मैंने लंबे समय तक ध्यान किया', मगर हकीकत में इस ध्यान से आपको वह लाभ नहीं मिलेगा, जो मिल सकता था। आइए, ध्यान को सही दिशा देने के लिए, दिशा-ध्यान की विधि जानें।

ध्यान विधि :

1. ध्यान के दौरान आँखें बंद करते हुए अपने विचारों को अनुभव की ओर केंद्रित करें, ताकि आप सही दिशा में जा सकें। अगर दिशा सही नहीं है तो कोई और ही बात पकड़कर गलतफहमी लेकर ध्यान से बाहर आएँगे। दरअसल, दिशा-ध्यान हर गलतफहमी को दूर करने के लिए है। सही दिशा में जाएँगे तो ध्यान के बाद सही निर्णय ले पाएँगे वरना दिखावटी सत्य में उलझ जाएँगे।

2. इस वक्त आप दिशा ध्यान कर रहे हैं। ध्यान में बैठते ही खुद को

दिशा दें। जैसे ही सत्य की याद आती है तो इनसान जहाँ है, वहाँ से अंदर लौटना शुरू कर देता है।

3. अगर वह बाजार में है तो घर की तरफ आने लगता है। वहाँ से वह मुहल्ले में पहुँचता है। अगर उसकी दिशा सही है तो वह मुहल्ले से होकर घर आता है, वरना मुहल्ले में ही किसी से बातचीत में लग जाता है और घर का रास्ता भूल जाता है।

   घर में आने के बाद अगर वह ड्रॉइंगरूम में अटक गया तो टी.वी. देखता रहता है। अगर दिशा सही है तो वह आगे बढ़कर ध्यान-कक्ष में पहुँचता है और उसके बाद शरीर में आता है। ध्यान की शुरुआत में शरीर की तरफ देखने के बाद वह मन को देखने लगता है और अंत में मन से स्वयं पर शिफ्ट होता है। यहाँ स्वयं का अर्थ है स्वयं के जिंदा होने का अनुभव, अपने होने का एहसास, स्वअनुभव, जो शरीर के अनुभव से परे है। दिशा निरंतर सही रखी तो इनसान अंत में स्वअनुभव तक पहुँचता है।

4. इस वक्त आप शरीर, मन और बुद्धि के पार जाने की दिशा पा रहे हैं। हालाँकि ध्यान में बैठने के बावजूद मन वापस बाजार में जाना चाहेगा और फिर से मुहल्लेवालों से बातचीत करना चाहेगा। इसके साथ-साथ ध्यान में बैठने के बावजूद मन टी. वी. के मनोरंजन में उलझना चाहेगा। इन सभी व्यवधानों को दरकिनार कर अपने ध्यान को दिशा दें। इसे अंदर की तरफ ले जाएँ, स्वअनुभव की तरफ ले जाएँ। इस ध्यान के दौरान आपको जो निर्देश मिल रहे हैं, वे आपको अपने स्वअनुभव पर जाने के लिए दिशा दे रहे हैं।

5. ध्यान के दौरान मन को दिशा दें और स्वयं से सवाल पूछें, 'इस वक्त मैं क्या कर रहा हूँ? मैं ध्यान कर रहा हूँ तो यह मैं कौन है? मैं ध्यान क्यों करना चाहता हूँ? ध्यान में बैठनेवाला मैं कौन? ध्यान

में सत्य दर्शन होगा तो निश्चित क्या होगा? क्या मैं स्वयं का दर्शन चाहता हूँ? स्वयं का दर्शन निश्चित क्या है?'

6. ध्यान के दौरान अपने अनुभव के जरिए जानें कि अपने होने का एहसास हर कल्पना से परे है। स्वयं के जिंदा होने का अनुभव करें। सवालों के जरिए अपने ध्यान को, स्वअनुभव की दिशा दें।

7. स्वयं से पूछें, 'स्वयं को जानने का कार्य चल रहा है या भविष्य में होगा?' स्वअनुभव लेना भविष्य की क्रिया है या अभी और इस वक्त वर्तमान में स्वअनुभव करना है?

   केवल अज्ञान की वजह से इनसान को लगता है कि भविष्य में स्वदर्शन या ईश्वर दर्शन होगा। जब आपको 'तेज समझ' मिलेगी, तब पता चलेगा कि स्वअनुभव चल ही रहा है। अज्ञान को मिटाने के लिए मन को और स्वयं को सही दिशा दें, क्योंकि स्वअनुभव (सेल्फ) ही मन के द्वारा खुद को उलझाता है या सुलझाता है।

8. आगे स्वयं को दिशा देते हुए पूछें, 'जिस शरीर को लेकर मैं बैठा हूँ, क्या वह शरीर मैं हूँ?'

   अपने शरीर को आप आँखें खोलकर देख पाते हैं तो आप शरीर को जाननेवाले हुए। जैसे आप घंटे की आवाज सुन पाते हैं यानी आप घंटा नहीं हैं। आप पेंसिल को देख पाते हैं तो आप पेंसिल नहीं हैं। आपके शरीर पर उठनेवाले दर्द और महसूस होनेवाले स्पर्श आप नहीं हैं।

   उसी तरह मन के विचारों को आप देख पा रहे हैं, यानी आप विचार नहीं हो सकते। मन मान बैठा है कि आप स्त्री हो, पुरुष हो, हिंदू, मुसलमान, सिख, ईसाई या पारसी हो, काले या गोरे हो, नौकर, कर्मचारी या बॉस हो, पिता या बेटे या सास या बहू हो। टीचर, मित्र, ग्राहक ये सारी भूमिकाएँ केवल मान्यताएँ हैं। मन की सुविधा के

लिए आपको ये लेबल दिए गए हैं। हकीकत में आप इन सभी से परे हैं।

9. सुविधा की वजह से सत्य न छिपे, सुविधा असुविधा न बने। सुविधा में उलझकर सत्य को अनदेखा न करें और सुविधा रूपी वरदान अभिशाप न बने। न आप माँ हो, न आपको कोई बेटा है। न आप पिता हो, न आपकी कोई लड़की है। शरीर, स्वयं को जानने का निमित्त है, आईना है इसलिए शरीर के साथ जुड़े लेबल का आदर करें, मगर उन्हें अपने गले का फंदा न बनाएँ।

   निमित्त बनाने के लिए जो निमित्त बने हैं, उन्हें आदर से देखें, मगर उस निमित्त में न उलझें। मित्र का मित्र भी आपका मित्र है, लेकिन मित्र का उद्‌देश्य न भूलें। दिशा ध्यान में बैठने के बाद सही दिशा में सोचें। कम-से-कम आँखें बंद करने के बाद सही दिशा में सोचें। यह संभव हुआ तो आगे उम्मीद की जा सकती है कि आँखें खोलने के बाद भी आप सही दिशा में सोच पाएँगे। इस समझ के साथ दिशा ध्यान करते रहें।

10. यदि इस वक्त आपकी समझ गहरी नहीं है तो वर्तमान में जो चल रहा है, उसे जानते रहें। इस समय दुबारा कलाबाजियों के, माया के बाजार के विचारों में न उलझें, बल्कि वर्तमान में स्वअनुभव का आनंद लें।

11. इस वक्त आप किस अवस्था में बैठे हैं? इस वक्त की अपनी अवस्था को अनासक्त भाव से जानें। आपका शरीर हलका हो या भारी हो, वातावरण गरम हो या ठंडा हो, उसे सिर्फ जानते रहें। आपके चारों तरफ अलग-अलग आवाजें, शरीर पर अलग-अलग स्पर्श, मन में विविध तरह के विचार चल रहे हैं, उन्हें केवल अनासक्त भाव से जानें। वर्तमान को बिना आसक्ति के देखें।

वर्तमान में सोचने की आवश्यकता नहीं होती, होने की आवश्यकता होती है। जितना समय आप वर्तमान में हैं, उतना समय मन को आराम है।

12. स्वयं को आगे दिशा देते हुए सवाल पूछें, 'इन सभी चीजों को जाननेवाला कौन है? उस जाननेवाले को कैसे जाना जाए? अपने जिंदा होने का एहसास चल ही रहा है। उसे कैसे महसूस करें?' सवालों के बाद केवल स्वयं को जानते रहें। इनके जवाब दिमाग से न देते हुए अनुभव से दें।

13. आप जिन वस्तुओं को देखते हैं, उन्हें आकार या विचार देते हैं। साकार और विचार के पार जो है, वह न आकार है, न ही विचार। आकार देने की आदत की वजह से मन चाहता है कि जो अनुभव हो, उसका भी कोई आकार हो।

    निराकार को आकार देने के मार्ग में आज तक अनेक मूर्तियाँ बनी हैं। निर्विचार को विचार देने की क्रिया में अनेक कहानियाँ बनी हैं। जिस पल आप जाननेवाले को आकार देने की इच्छा छोड़ देंगे, उस पल मन चुप हो जाएगा। मन के चुप होते ही पहले से चलनेवाला स्वअनुभव स्वत: प्रकट होता दिखाई देगा।

14. शांत जल में चाँद का अक्स साफ दिखाई देता है और लहरों में धूमिल हो जाता है। अगर आप शांत मन से वातावरण और घटनाओं को देख पाएँगे तो आँधी-तूफान को भी शांति से देख पाएँगे।

15. स्वयं को सही दिशा देने के अंत पर है—स्वअनुभव। उसी स्वअनुभव में ध्यान के दौरान बैठे रहें। अगर आपका मन कोई चाल चले तो उसे फिर से सही दिशा दें। अगर मन माया के विचारों में उलझ जाए तो उसे सत्य की, स्वअनुभव की दिशा दें।

16. अंत में आँखें खोलने से पहले स्वयं को आगाह करें कि 'मैं वर्तमान

में रहते हुए और स्वयं को सही दिशा देते हुए, सत्य की समझ के साथ आँखें खोलनेवाला हूँ। आँखें खोलने के बाद भी मुझे स्वयं को सही दिशा देनी है और हमेशा अनुभव का चाँद देखने की समझ रखना है। इसी समझ के साथ अब मैं कुछ देर के बाद आँखें खोलनेवाला हूँ।'

17. इसके बाद जब बज़र बजे, तब आँखें खोलें और धन्यवाद के भाव में मन को सही दिशा देते रहें।

48 बुधवार

सत्य ध्यान

बुद्धि-वार

1. घड़ी में तय समय का बजर लगाएँ। अब आँखें बंद करके चुनी हुई अवस्था और मुद्रा में ध्यान के लिए बैठें।

2. ध्यान के दौरान अगर आपको शरीर पर कपड़ों का एहसास होता है तो स्वयं से पूछें, 'क्या ये कपड़े मैं हूँ?' जवाब आएगा, 'नहीं।' अब सवाल करें, 'ये कपड़े मैं क्यों नहीं हो सकता?' देखें इसका क्या जवाब आता है। यहाँ देखने का अर्थ है जानना। जानने के लिए जरूरी नहीं है कि आप आँखें खोलें। आप इसकी वजह मन-ही-मन भी सोच सकते हैं। आप कपड़े इसलिए नहीं हो सकते, क्योंकि आप कपड़ों को देखते हैं, जानते हैं, स्वयं से अलग देख पाते हैं। जो कपड़ों को स्वयं से अलग देख पाता है, वह कपड़े नहीं हो सकता। शरीर की बाकी इंद्रियों के साथ भी ऐसा ही है; जैसे आवाज को जाननेवाला कान, आवाज नहीं हो सकता; दृश्य को देखनेवाली आँखें, दृश्य नहीं हो सकतीं; सुगंध को सूँघनेवाली नाक, सुगंध नहीं हो सकती; स्वाद लेनेवाली जुबान, स्वाद नहीं हो सकती; वैसे ही जो कपड़ों को जाननेवाला है, कपड़े नहीं हो सकता।

3. इस वक्त आप क्या जान रहे हैं? अगर आप अपने शरीर को जान रहे हैं, महसूस कर रहे हैं तो आप शरीर कैसे हो सकते हैं?

क्या शरीर के बाहर जो है, वह आप नहीं हैं? शरीर के साथ जो है, क्या वह आप हैं? शरीर को भी जाना जा रहा है इसलिए जाननेवाला शरीर नहीं है। बचपन से शरीर को देखकर, चारों तरफ लोगों की बातें सुनकर यह अज्ञान आप में प्रवेश कर चुका है कि 'मैं शरीर हूँ।'

4. इस वक्त सत्य ध्यान आपको पहला सत्य याद दिला रहा है। पहला सत्य यह है कि आप शरीर नहीं हैं, क्योंकि हाथ, पैर, गरदन, चेहरा, धड़, पीठ, कमर जैसे शरीर के सारे अंग जाने जा रहे हैं। जाननेवाला स्वअनुभव करने के लिए शरीर को आईना बना रहा है।

   आप शरीर से संबंधित सभी संवेदनाओं को जान रहे हैं, लेकिन आप इन बाहरी बातों को जानने से ज्यादा स्वयं को जानने में रुचि रखते हैं। हकीकत यह है कि यह रुचि मायावी रुचियों में खो गई है। स्वयं का अनुभव करने की शुभेच्छा बाहरी इच्छाओं में दब गई है।

5. शरीर में चलनेवाले विचार भी जाने जा रहे हैं। विचारों को जाननेवाला, विचार नहीं है। 'तुम विचार नहीं मौन हो, जो कुछ नहीं होते हुए भी कुछ नहीं, नहीं है।' मौन से ही शोर और शांति का जन्म होता है, मौन में ही शोर और शांति विलीन होती है। मौन पहले भी था, बाद में भी है।

6. सत्य ध्यान में सत्य अनुभव के स्तर पर प्रकट हो रहा है। आप स्वयं से ही सवाल पूछ रहे हैं कि 'मैं क्या-क्या जान पा रहा हूँ? क्या मैं वह हूँ या इन सब से परे जीवित चैतन्य, स्वसाक्षी, निराकार, असीम हूँ?'

   मन तो उस अनुभव को भी जानना चाहेगा, जो मन से परे है। मन तो अनुभव को भी जानकर उसका मालिक बनना चाहेगा, मगर

मन को समझ मिलने के बाद वह समर्पित हो जाता है और विचार प्रकट होते हैं, 'बस! अब मैं उपस्थित हूँ, उसके बाद जो हो। मेरी जिद ही सत्य अनुभव प्रकट होने में बाधा है तो मैं चुपचाप उपस्थित हूँ। कुछ हो या नहीं, मैं दोनों अवस्थाओं में शांत रहूँगा। शरीर में कहीं दर्द उठा तो पूछें, 'यह दर्द मैं हूँ या जिस अंग को दर्द हो रहा है, वह मैं हूँ या इन सबसे परे इसे जाननेवाला मैं हूँ?'

7. ध्यान के दरमियान अगर शरीर को हिलाने की अति आवश्यकता हो तो हिला सकते हैं, मगर पहले जिस अंग को हिलाना है, उसे महसूस करें और स्वयं से पूछें कि 'क्या वाकई में इस अंग को हिलाने की आवश्यकता है?'

8. ध्यान की समाप्ति के बाद जब आप नित्य के कार्य शुरू करेंगे, तब ध्यान में मिली समझ और बोध को न भूलें। ध्यान में जो बोध जागा, कुछ पल साक्षात्कार हुआ, उस अनुभव को ध्यान के बाद भी जारी रखें। रोजमर्रा के कार्य करते हुए जैसे चलते, उठते-बैठते, पानी पीते, सफाई करते, कंप्यूटर खोलते हुए, फाइल आदि बनाते हुए उसी अनुभव में रहते हुए कार्य करने की कोशिश करें। इसी को ध्यान की अपूर्व तैयारी कहा जाता है।

9. बज़र बजने से पहले मन में तय करें कि 'आँखें खोलने के बाद मुझे हर क्रिया अनुभव के साथ करना है। जितना ज्यादा समय मैं ध्यान में प्राप्त बोध के साथ जी सकता हूँ, उतने समय मुझे अनुभव में ही रहना है।' इसी विचार के साथ बजर बजने के बाद ध्यान समाप्त करें और आँखें खोलकर अपने कार्य शुरू करें।

49 गुरुवार

स्व उपस्थित ध्यान

गुरु का वार

स्व उपस्थित ध्यान आपको अपने होने के एहसास में सतत रहना सिखाता है। इस एहसास के जरिए आप अपने विचार और शरीर दोनों से अलग होकर जीवन यात्रा में आगे बढ़ पाते हैं। दरअसल, दिनभर कार्य करते हुए आप अकसर अपने शरीर और विचारों के साथ चिपक जाते हैं। एक विचार आने के बाद विचारों की कड़ी कैसे बढ़ती जाती है और देखते-ही-देखते कितना समय चला जाता है, यह आप महसूस ही नहीं कर पाते। आप शरीर की पीड़ा को अपनी पीड़ा समझकर उसे और बढ़ाते जाते हैं। इन सबके बीच 'स्व उपस्थित ध्यान' आपको शरीर और विचारों से अलग होने की कला सिखाता है। आइए, इस ध्यान की विधि जानते हैं।

ध्यान विधि :

1. ध्यान में बैठने से पहले तय समय का बज़र लगाएँ। अब आँखें बंद करते हुए चुनी हुई अवस्था और मुद्रा में ध्यान की शुरुआत करें।

2. आँखें बंद करने के बाद ध्यान के दौरान वातावरण सुरक्षित होता है। बंद आँखों के सामने ऐसा कोई दृश्य नहीं होता, जो स्वयं को भुला देता हो। बंद आँखों से 'मैं कौन हूँ?' भूलने की आशंका कम होती है। वरना दृश्य देखते ही, दिखावटी सत्य देखते ही विचार उस तरफ दौड़ पड़ते हैं।

3. यह जाँचें कि बंद आँखोंवाले सुरक्षित वातावरण के दौरान शुरुआत

में आप स्वयं को जान पाते हैं या नहीं। अगर आप स्वयं को जान पाए तो आँखें खुली रखकर भी जानने की संभावना खुलती है।

4. जिस पूर्व तैयारी के साथ आप ध्यान में बैठे हैं, उसका भी लाभ आपको मिलता है। वरना सोते वक्त उसी तरह के पुराने विचार शुरू होने लगते हैं। गहरी नींद में भी आपके विचार स्वप्न रूप में प्रकट होते हैं। इनसान की वर्तमान की चाहत या अतीत की कुछ घटनाएँ या भविष्य के कुछ इशारे स्वप्न अवस्था में मिलते हैं। गहरी नींद में ब्लैंक* कैसेट चलती है, मगर ध्यान की इस विशेष मुद्रा में जागृति, नींद और स्वप्न तीनों अवस्थाओं से परे चौथी अवस्था प्रकट होती है।

   इनसानी जीवन की तीन अवस्थाओं की आदत सबको होती है, जो कुदरतन और सहज है। चौथी अवस्था की आदत डालने की आवश्यकता महसूस करें।

5. चौथी अवस्था में आपको विचारों को उसी तरह नहीं देखना है, जैसे दिनभर देखते आए हैं। आवाजों को उस तरह नहीं सुनना है, जैसे दिनभर सुनते आए हैं। स्पर्श को वैसे महसूस नहीं करना है जैसे दिनभर महसूस करते आए हैं। इससे अलग, ध्यान में आनेवाले विचारों को सच्चे साक्षी बनकर देखें और अलगाव का अभ्यास करें।

6. ध्यान में विचारों को देखकर यह समझ रखें कि 'ये विचार मेरे शरीर में प्रकट हो रहे हैं। मैं शरीर नहीं हूँ, इसलिए मुझे विचारों की फिक्र करने की जरूरत नहीं है। विचारों के आने या न आने से मेरे होने के एहसास पर कोई असर नहीं पड़ता।' इस समझ के साथ जब आपको विचार आएँगे, तब आप उनके पीछे नहीं जाएँगे।

7. बिना समझ अगर आपको कोई विचार आता है तो उससे संबंधित पूर्व जानकारी को सामने रखते हुए आप सोचना शुरू कर देते हैं।

एक छोटा सा विचार कई विचारों की शुरुआत बन जाता है, जो एक मिनट, एक घंटा या एक दिन तक चल सकते हैं। आपको ध्यान में यह प्रशिक्षण मिलता है कि विचारों से अलग कैसे होना है।

8. इस प्रशिक्षण के बाद जब आप स्वयं को विचारों में उलझते हुए देखेंगे, तब आपको याद आएगा कि विचारों को किस तरह देखना है। इस याद के साथ आप सहजता से मुसकराएँगे कि आपको विचार ने किस तरह खींच लिया। आश्चर्य की बात है कि आपके ही विचार आपको खींच लेते हैं। जैसे आपका ही खिलौना आपको उलझा दे तो आपको अपनी रचनात्मकता पर हँसी आएगी कि 'मेरी बनाई हुई चीज मुझे ही उलझा देती है।'

9. समझ के साथ विचारों से अलग होकर आप स्व अनुभव पर सिर्फ उपस्थित रहेंगे, जहाँ मन को करने के लिए कुछ नहीं होता। वहाँ केवल उपस्थिति होती है। ध्यान के बीच आपको शरीर पर कुछ दबाव या पीड़ा महसूस हो सकती है। उसे भी अलगाव से देखने की कला विकसित करें। जैसे आप विचारों से अलग हो पाते हैं, वैसे ही शरीर से अलग होने की कला सीखें।

10. जब आपके शरीर में कोई पीड़ा हो तो उसे देखकर स्वयं से कहें, 'यह पीड़ा मेरे शरीर के साथ हो रही है। मैं शरीर नहीं हूँ, इसलिए यह तकलीफ मुझे नहीं हो रही है। इस तकलीफ का इलाज जरूरी है, मगर इसे अपना मानकर बढ़ावा देने की जरूरत नहीं है।' इस तरह ध्यान के दौरान शरीर की पीड़ाओं को भी अनासक्त भाव से देखें। विचारों के साथ हेड (दिमाग) में न रहते हुए समझ के साथ हार्ट (हृदय, तेजस्थान) में रहें।

11. मौन की, हृदय की उपस्थिति में स्वयं को याद करने से शरीर की उपस्थिति स्वतः ही शांत होने लगती है। स्वयं को याद करने से

आकार मिट जाता है। शरीर का आकार मिटे या न मिटे, महसूस हो या न हो आप स्पष्ट रूप से स्वयं को जान पाते हैं।

12. ध्यान की समाप्ति से पहले स्वयं को सही ढंग से उपस्थित रहने की याद दिलाएँ। स्वयं को बताएँ, 'आँखें खोलने के बाद मुझे अलग-अलग तरह के दृश्य दिखाई देंगे। उन्हें देखने के बावजूद मैं अपने होने के एहसास को, मौन को याद रखूँगा।' अगर आप दृश्यों के बीच स्वयं का अस्तित्व याद कर पाए तो आपके लिए बहुत बड़ी संभावना खुल पाएगी। उसके बाद आपको संसार का नाटक उलझा नहीं पाएगा।

13. हर रोज निरंतरता से यह ध्यान करने, समय का पाबंद बनने से यह दृढता बढ़ती जाएगी। अपने होने की दृढता के साथ आप जिस तरह जीना चाहते हैं, उसी तरह जी पाएँगे। सत्य की जो अभिव्यक्ति आप करना चाहते हैं, वह आसानी से कर पाएँगे। आप जो निर्णय लेना चाहते हैं, वे ले पाएँगे। शरीर को स्वस्थ रख पाएँगे, सुस्ती को भगा पाएँगे और मालिक बनकर इंद्रियों को वश में कर पाएँगे। मनोशरीर यंत्र को बखूबी चला पाएँगे।

14. दृढता के साथ-साथ अपने मनोशरीरयंत्र को धन्यवाद दें। उससे कहें, 'तुम्हारा बहुत-बहुत धन्यवाद।' आप जानते हैं कि केवल एक मनोशरीरयंत्र नहीं, बल्कि अनेक यंत्र आपकी सेवा में मौजूद हैं। अज्ञानवश आप इन सब बातों से अनभिज्ञ रहते हैं और शिकायत करने में लगे रहते हैं। ज्ञान प्रकट होते ही धन्यवाद के भाव में जीते हैं। ध्यान की समाप्ति के समय इसी अवस्था में रहें। बज़र बजने पर उसी अवस्था में आँखें खोलें और ध्यान समाप्त करें।

50 शुक्रवार

'मैं हूँ' ध्यान

शुक्रिया-वार

'मैं हूँ' ध्यान अपने होने के एहसास की पहचान करवाता है। आपने कई बार सुना होगा, 'इनसान का अस्तित्व शरीर और मन से परे है।' 'मैं हूँ' ध्यान उसी अस्तित्व को प्रकट करता है और उसमें मौजूद रहने की कला सिखाता है। आइए, इस ध्यान की विधि जानें :

ध्यान विधि :

1. ध्यान की शुरुआत से पहले नियोजित समय का बज़र लगाएँ। अब आँखें बंद करते हुए चुनी हुई अवस्था तथा मुद्रा में बैठें और ध्यान शुरू करें।

2. बंद आँखों से महसूस करें कि आज आपके पास जो शरीर (मनोशरीरयंत्र) है, वह कैसा है। हो सकता है कि आपका शरीर आपको माया की ओर ज्यादा खींचता हो या फिर भक्त बनकर शांत रह जाता हो और उसे जो प्राप्त हो रहा है, उसके लिए ग्रहणशील रहता हो; जो कृपा बरस रही है, उसे भीतर समाहित करता हो।

3. महसूस करें कि ध्यान में कृपा के साथ जो भी आ रहा है, वह आप भीतर समाहित कर रहे हैं। आप वहाँ सिर्फ मौजूद हैं। एक आँख खोलकर भी नहीं देख रहे हैं कि वाकई कुछ मिल रहा है या नहीं। ध्यान के दौरान यह भी न जाँचें कि आपके स्वास्थ्य में सुधार हुआ है या नहीं।

4. केवल आँखें बंद करके ध्यान-अवस्था में रहें। महसूस करें कि आपका मनोशरीरयंत्र और आप अलग-अलग हैं। आप शरीर के पैदा होने से पहले भी थे और आगे भी रहेंगे। शरीर केवल आपके बाजू में रख दिया गया है इसलिए आपको अपने होने का अनुभव हो रहा है। शरीर को कोई रखे या ले जाए, दोनों अवस्थाओं में आपको अपने होने का एहसास होता रहेगा। इसी अनुभव के साथ ध्यान जारी रखें।

5. अपने होने के एहसास पर ध्यान दें। साथ-ही-साथ जानते रहें कि आवाज है तो कान खुद को जान रहा है। पृथ्वी से सारी आवाजें बंद हो जाएँ तो कोई कान शिकायत नहीं करेगा। दृश्य हैं इसलिए आँखें अपना अनुभव कर रही हैं। संसार के सारे दृश्य हटा दिए जाएँ तो भी आँखें रहेंगी। अगर आपको आँखें खोलकर अँधेरे कमरे में बिठा दिया जाए तो भी वहाँ आँखें मौजूद होंगी। लेकिन दृश्य की अनुपस्थिति में अपने होने का एहसास नहीं कर पाएगी। गहरी नींद में आँखें, कान, नाक, जुबान और त्वचा के साथ जुड़नेवाली हर तरह की आवाज, दृश्य, गंध, स्वाद तथा स्पर्श का एहसास खत्म हो जाता है। साथ में मन के साथ जुड़नेवाले विचार भी बंद हो जाते हैं। इसलिए आप उपस्थित होते हुए भी स्वयं को अनुपस्थित (एबसेंट) पाते हैं। गहरी नींद में आपको लगता है कि आप नहीं थे, मगर आप थे।

6. इस वक्त भी शरीर रखा गया है, इसलिए आपको स्वयं का एहसास हो रहा है। 'मैं हूँ' का एहसास आप कर पा रहे हैं, जिसके लिए कोई सबूत जरूरी नहीं। केवल आप हैं।

7. आप असीम हैं, मगर शरीर की वजह से आपको अपने होने का अनुभव हो रहा है इसलिए लगता है, 'मैं सीमित हूँ।' आपने स्वयं को कई साल तक शरीर माना है, इसलिए आपको यह धोखा

हुआ है। शरीर केवल आपके नजदीक रखा गया है। यह समझ रखें कि अगर उसके भीतर कुछ पीड़ा है या विचार चल रहे हैं तो वे शरीर के साथ हैं, आपके नहीं।

आपको अपने होने और शरीर की पीड़ा, इन दोनों का अनुभव साथ-साथ हो रहा है। ध्यान के दौरान दोनों में से अपने होने का एहसास चुनें।

8. अगर आप शरीर में उठनेवाले विचारों के पीछे जाएँगे तो खुद को भूलने लगेंगे। अगर आपका मन विचारों के पीछे जा रहा है तो उसे ताकीद दें, 'यह तो मैं बाद में भी कर सकता हूँ। इस वक्त मैं ध्यान कर रहा हूँ। ध्यान में मुझे स्वअनुभव के लिए बैठना है। स्वअनुभव में मुझे साफ-साफ दिखाई दे रहा है कि शरीर रखा गया है और मैं अपने होने का एहसास कर रहा हूँ। काम के विचार, नई कल्पनाएँ आदि सब पर सोचने के लिए बाद में मुझे समय मिल सकता है। इस वक्त मुझे मेरा अनुभव करना है।'

9. ध्यान के बीच कई बार शरीर का अनुभव आपके होने के अनुभव पर हावी होगा। शरीर आपका ध्यान अपनी तरफ खींचेगा। उस वक्त शरीर पर ऊपरी तौर पर ध्यान देकर तुरंत अपने आप पर चले आएँ।

ठीक वैसे ही जब बच्चे अपने पर ध्यान चाहते हैं तो आप उन्हें देखकर फिर अपने काम में मशगूल हो जाते हैं। बच्चों को देखकर आप मुसकराते हैं और अपना कार्य फिर से शुरू करने लगते हैं।

ध्यान-अवस्था में आपका कार्य स्वयं का अनुभव करना और स्वयं को जानकर संसार में अपने गुणों की अभिव्यक्ति करना है। ध्यान में अपने होने के अनुभव पर पूरी नजर रखें, ताकि अनुभव की दृढता बढ़े और यह पक्का हो जाए कि आप शरीर नहीं हैं।

अगर शरीर का कोई अंग अपनी ओर ध्यान चाहता है तो बच्चे की तरह उस पर ध्यान देकर तुरंत अपने अनुभव पर लौट आएँ। शरीर को बच्चे की तरह देखें, उसे देखकर मुसकराएँ, उसके दर्द को महसूस करें और फिर ध्यान जारी रखें। मुसकराते हुए स्वयं से कहें, 'शरीर मेरे साथ नहीं है, मैं शरीर का सच्चा साक्षी हूँ, झूठा नहीं।' झूठा साक्षी स्वयं को शरीर मान लेता है।

10. 'Who are you?' आप कौन हैं ? आप जो हैं, वह बनकर जीने में क्या बाधा है ? आपको कौन रोक रहा है ?' तय समय का बज़र बजने तक इन सवालों पर मनन करते रहे और 'मैं हूँ' के एहसास में रहें। बज़र बजने पर उसी एहसास के साथ आँखें खोलें।

51 शनिवार

सिमरन ध्यान

श्रवण-दिवस

सिमरन ध्यान में आपको सत्य को याद करना है। आपको वे बातें फिर से याद करना है, जिन्हें आप भूल गए हैं। आप सत्य वचन भूल गए, ध्यान में इस बात का दुःख न मनाएँ। इसके बजाय इस बात की खुशी मनाएँ कि जो सत्य आप भूल गए थे, वह फिर से याद आ रहा है। आइए, सत्य की याद दिलानेवाले इस ध्यान की विधि जानें :

ध्यान विधि :

1. ध्यान में बैठने से पहले घड़ी में तय समय का बज़र लगाएँ। अब आँखें बंद करके चुनी हुई ध्यान अवस्था और मुद्रा में बैठें।

2. अब सिमरन करें, सिमरन ध्यान करें। अब तक आप आँखें खोलकर बाहर से घूमकर आए हैं। ध्यान-अवस्था में बैठने के बाद इस बात का सिमरन करें कि आप क्या-क्या भूलकर आए हैं?

3. सिमरन ध्यान में आपके ध्यान का प्रशिक्षण चल रहा है, जहाँ आपको कुछ बातें आँखें बंद करने के बाद ही याद आती हैं। आँखें खुली होने पर आप दिखावटी सत्य, सिर्फ दिखनेवाली बातों में उलझ जाते हैं। इस उलझन से मुक्ति के लिए ही आप ध्यान-अवस्था में बैठे हैं।

4. ध्यान-अवस्था में स्वयं से सवाल करें, 'मैं क्या-क्या भूलकर आया हूँ?' सिमरन ध्यान में आत्म सिमरन के लिए यही पहला सवाल है, 'मैं क्या-क्या भूलकर आया हूँ?' आप जो बातें भूल गए हैं, उन्हें

याद करके दु:खी नहीं होना है। 'मैं क्यों भूल गया? मैं किसलिए भूल गया?' ऐसे सवाल स्वयं से करने के बजाय, ध्यान-अवस्था में स्वयं को याद करने की खुशी मनाएँ।

5. मन में झाँककर देखें कि आप कौन सी बातें भूल गए थे। वे बातें याद करने के बाद दु:खी न हों, बल्कि वे बातें याद आने की खुशी मनाएँ।

(अ) क्या मैं भूल गया था कि 'मैं शरीर नहीं हूँ?'

(आ) क्या मैं भूल गया था कि 'पृथ्वी पर जीवन कुछ वक्त का है?'

(इ) क्या मैं भूल गया था कि 'रिश्ते-नाते असल में तेजप्रेम और विश्वास को प्रकट करवाने का माध्यम हैं?'

(ई) क्या मैं भूल गया था कि 'अदृश्य बातों पर ध्यान रखते हुए, दिखावटी सत्य में नहीं उलझना है। स्वयं को बताएँ, 'अदृश्य से हर वह चीज आ रही है, जो मेरी अभिव्यक्ति में सहयोगी है। दिखावटी सत्य में उलझने से मुझसे गलत प्रार्थनाएँ होती हैं और वे चीजें मुझ तक पहुँच ही नहीं पातीं।'

(उ) क्या मैं यह भूल गया था कि 'सब मेरा ऑर्डर है।' स्वयं को याद दिलाएँ, 'मैं जो टॉस कर रहा हूँ, जो प्रार्थना कर रहा हूँ, जो देख रहा हूँ; उसे ही बढ़ा रहा हूँ। क्या ये बातें भूलकर मैं अखबार, टी.वी. और विज्ञापनों की दुनिया में उलझ रहा था?'

(ऊ) क्या मैं भूल गया हूँ कि 'मुझे आकार नहीं है?'

(ए) क्या मैं भूल गया हूँ कि 'मैं शरीर का इस्तेमाल कर रहा हूँ, शरीर मेरा इस्तेमाल नहीं करता है?'

(ऐ) क्या मैं भूल गया हूँ कि 'मेरी उपस्थिति से बहुत बड़ी सेवा होती है? यदि मैं ढंग से उपस्थित होता हूँ, जो हूँ वह बनकर उपस्थित होता हूँ।'

(ओ) क्या मैं भूल गया हूँ कि 'शरीर को इसलिए खाना खिलाना है, ताकि वह मेरी अभिव्यक्ति करता रहे, न कि मैं शरीर हूँ मानकर स्वाद में उलझूँ।' अगर आप स्वाद में उलझकर स्वयं को भूल रहे हैं तो सिमरन करें कि आप किस सत्य के साथ जीवन जी रहे हैं। याद रखें कि केवल शरीर को चलाने के लिए खाने की आवश्यकता होती है। जिस तरह मोबाइल चलाने के लिए चार्जिंग की आवश्यकता होती है, वैसे ही शरीर की चार्जिंग के लिए खाने के साथ-साथ व्यायाम करें, ताकि बचे हुए समय में आप सुंदर अभिव्यक्ति कर पाएँ।

(औ) क्या मैं भूल गया हूँ कि 'मेरी चेतनावस्था ही ये सारी बातें करवा सकती है। थोड़ी सी अचेतनता से मैं स्वयं को शरीर मानकर जीने लगता हूँ।'

(अं) क्या मैं भूल गया हूँ कि 'स्थूल शरीर की वृत्तियाँ सूक्ष्म शरीर पर भी असर करती हैं? मेरी अचेतनता की वजह से वृत्तियाँ* बढ़ती हैं और चेतनावस्था उन्हें तोड़ती है।

(अ:) क्या मैं भूल गया हूँ कि 'भक्ति की शक्ति से हर वृत्ति से मुक्ति मिल सकती है?'

(क) क्या मैं भूल गया हूँ कि 'लोग तो मुझे शरीर मानकर ही बात करेंगे। यह उनका दोष नहीं है। यदि उनकी बातें सुनकर मैं अपना अस्तित्व भूल जाता हूँ तो यह मेरी अचेतनता है। इस अचेतनता को तोड़ने की मुझे व्यवस्था करना है। मुझे हर पल सत्य याद रहे, यह मेरी जिम्मेदारी है। यह जिम्मेदारी मुझे औरों को नहीं देना है। क्या मैं स्वयं की जिम्मेदारी लेना भूल गया हूँ?'

6. ध्यान के दौरान आपको याद करना है कि आप सत्य के कौन से अमृत वचन भूल गए हैं। जो सत्य वचन आप भूल गए हैं, उन्हें फिर

से याद (री-रिमेंबर) करें। री-रिमेंबर करने के लिए रिच मेमोरी का इस्तेमाल करें, पुअर मेमोरी का नहीं। आपके लिए भूलना भी निमित्त बने, याद करने के आनंद को बढ़ाने के लिए। भूलना, अज्ञान में जाने या लक्ष्य से हटाने के लिए निमित्त न बने। पृथ्वी लक्ष्य पाने के लिए निमित्त बने। ऐसी व्यवस्था करें कि आपको सत्य की याद पल-पल रहे और आप साथ में रहनेवालों को भी याद दिला पाएँ।

7. ध्यान को जारी रखते हुए स्वयं से पूछें, 'क्या मैं उस आनंद को भूल गया हूँ, जिसके लिए संसार बनाया गया? हर दृश्य को देखकर जो आनंद लेना था, उसका कारण क्या मैं भूल गया हूँ? क्या मैं भूल गया हूँ कि शरीर एक फनी ड्रेस है? क्या मैं यह भूल गया हूँ कि शरीर में उठनेवाली गरमाहट, ठंडक और दर्द आईने का भ्रम हैं? शरीर को कुछ हो जाए तो कहें, 'आईना गरम हुआ, आईना ठंढा हुआ, आईना गीला हुआ।' शरीर की हर तरह की अवस्था में धुँधला ही सही, मगर स्वयं दर्शन होता रहे। हमेशा जाँचते रहें कि आप आईने यानी शरीर की डिजाइन या आकार में तो उलझ नहीं रहे! अचेतनता में आईनों के आकार की तुलना कभी न करें।

8. ध्यान जारी रखें और स्वयं से पूछें, 'क्या मैं भूल गया हूँ कि जो कार्य मुझे मिला है, वह शरीर का व्यायाम है? कोई भी कार्य ऊँचा या नीचा नहीं होता। शरीर का व्यायाम अभिव्यक्ति के निरंतर अभ्यास के लिए है।' अगर आप ये बातें भूल जाते हैं तो ऐसी व्यवस्था करें, ताकि आपको सत्य का रिमाइंडर सतत मिलता रहे। आस-पास के लोगों से, मशीनों से, कंप्यूटर से, बोर्ड से, शब्दों से, चित्रों से, मुद्रा से, इशारों से, बार-बार सत्य को दोहराने से सतत सत्य का सिमरन करते रहें।

9. क्या मैं भूल गया हूँ कि 'भूलने से बेवजह दु:ख भुगता जाता है? जो दु:ख मिला नहीं है, वह दु:ख इनसान भुगतता है।'

10. क्या मैं भूल गया हूँ कि 'हर शरीर में एक ही जिंदा चीज है? क्या मैं भूल गया हूँ कि चेतना ही खुद को व्यक्ति मानकर व्यवहार कर रही है? चेतना अपनी ही लीला में उलझ रही है और सत्य सिमरन द्वारा सुलझने का कार्य कर रही है।'

11. अगर आप ये बातें भूल गए हैं तो इन्हें याद करना सीखें। मन में ठान लें कि आपको किस वक्त सिमरन ध्यान करना है। आप स्वयं के लिए तय कर सकते हैं कि आपको दो दिन में एक बार या हफ्ते या महीने में एक बार सिमरन ध्यान करना ही है। अपने स्वभाव के अनुसार सिमरन ध्यान का निर्णय लें। हमेशा सत्य की यादों को धुँधला होने से पहले ताजा करें। यह कोशिश करें कि रिच मेमोरीज हमेशा रिच रहें, अच्छे विचार हमेशा अच्छे रहें।

12. सिमरन ध्यान करने के बाद आपको इस सत्य का साक्षात्कार होगा कि आप दुनिया के सबसे अमीर इनसान हैं। सिमरन ध्यान में सत्य की जो बातें याद आईं, उनका आनंद लें।

13. तय समय का बज़र बजने के बाद आँखें खोलें। अब ध्यान के दौरान आपको जो आनंद मिला, उसकी अभिव्यक्ति के लिए कार्य करें।

52 रविवार

पिरामिड ध्यान

सनलाइट डे, प्रकाश-दिवस

पिरामिड-ध्यान इसलिए बनाया गया है, ताकि आपको प्रार्थना (Prayer) और ध्यान (Meditation) दोनों का लाभ मिले। Prayer (प्रार्थना) और Meditation (ध्यान) के आरंभिक तीन अक्षरों को जोड़ने पर 'पिरामिड' (PRA+MED) शब्द बनता है। 'पिरामिड' शब्द का इस्तेमाल संतुष्ट जीवन के तीन महत्त्वपूर्ण पहलुओं की ओर संकेत करता है। ये पहलू हैं—संकल्प, प्रार्थना और धन्यवाद। इस ध्यान के दौरान आपको एक उद्‌देश्य रखकर उसे पाने या पूर्ण करने का संकल्प लेना है। इस संकल्प के बाद जब आप साँस अंदर लेंगे तब प्रार्थना करके कहें, 'मैं ईश्वर को भीतर ले रहा हूँ।' उसके बाद साँस छोड़ते वक्त इस बात का धन्यवाद दें कि आपने जो पाने का संकल्प लिया था, वह पूरा हुआ या आपको मिल गया है। इस ध्यान में तीन मुख्य कदम बताए गए हैं। आइए, इन्हें विस्तार से जानें :

पिरामिड-ध्यान के मुख्य कदम :

1. **पहला कदम - संकल्प**
   आप जो उद्‌देश्य पाना चाहते हैं या जो कार्य पूरा करना चाहते हैं, उसके लिए दृढसंकल्प लें। मन में तीव्र भाव लाएँ कि वह उद्‌देश्य या लक्ष्य पूरा हुआ है। मन-ही-मन दोहराएँ, 'मैं जो हूँ, वही बनकर आगे का पूरा जीवन बिताऊँ।' इन शब्दों द्वारा अपने संकल्प के साथ मानसिक शक्ति जोड़ें। महसूस करें कि पिरामिड ध्यान से यह संकल्प और लक्ष्य आपके अनुभव की गहराई में जा रहा है। ध्यान

के जरिए आपका उद्‌देश्य प्रकाश में आता है। संकल्प के अंत में कहें, 'मेरा उद्‌देश्य ईश्वरीय तरीके से और सही समय पर पूरा हो।'

2. **दूसरा कदम - प्रार्थना**

ईश्वर से प्रार्थना करें कि आपका उद्‌देश्य, कार्य या लक्ष्य पूरा हो। प्रार्थना करते वक्त भीतर जानेवाली हर साँस के साथ स्वयं से कहें, 'मैं ईश्वर को अंदर ले रहा हूँ। मेरे अंदर ईश्वर की शुद्धता और भरपूर ऊर्जा है।' प्रार्थना को बल देने के लिए साँस की मदद लें और तहेदिल से प्रार्थना करें। ध्यान द्वारा प्रार्थना का बल बढ़ाएँ। अज्ञान में इनसान केवल शब्द कह देता है, मगर इस ध्यान में आप उस प्रार्थना को अंदर ले रहे हैं, गहराई में ले रहे हैं। यह ध्यान प्रार्थना की गहराई में जाने का, एक खूबसूरत मौका है। प्रार्थना करने के बाद जीवन में आप जो चाहते हैं, उसके साथ प्रयास करने के लिए तैयार हो जाते हैं।

3. **तीसरा कदम–धन्यवाद**

साँस छोड़ते वक्त उद्‌देश्य पूरा होने के लिए ईश्वर को धन्यवाद दें। तीसरे कदम के जरिए हकीकत में आपका उद्‌देश्य पूरा होने से पहले ईश्वर के प्रति अपनी कृतज्ञता प्रकट करें। कुदरत का नियम है कि जिस चीज का आप शुक्रिया अदा करते हैं, वह आपके जीवन में बढ़ने लगती है। उद्‌देश्य पूरा होने के लिए धन्यवाद देने से आप सहजता से अपना उद्‌देश्य पूरा कर पाएँगे।

आइए, जाग्रत् होकर प्रार्थना और धन्यवाद देने की कला सीखने के लिए इस ध्यान की विधि को विस्तार से जानें।

ध्यान विधि :

1. ध्यान में बैठने से पहले घड़ी या मोबाइल में बज़र लगाएँ। अब

आँखें बंद करते हुए अपनी चुनी हुई अवस्था और मुद्रा में बैठकर ध्यान शुरू करें।

2. स्वयं को बताएँ, 'मैं पिरामिड ध्यान कर रहा हूँ।'

3. इस ध्यान में अंदर जाती हुई साँस के साथ जागृति की भावना रखें और बाहर आती हुई साँस के साथ धन्यवाद की भावना रखें।

   ध्यान के दौरान साँस अंदर लेते वक्त भावना रखें कि 'हर अंदर जानेवाली साँस मेरी चेतना बढ़ा रही है, मेरा वास्तविक होना यानी अनुभव, मौन जगा रही है।' अगर यह कार्य साँस के साथ हो रहा है तो हर बाहर आती हुई साँस के साथ मन-ही-मन धन्यवाद दें।

   अंदर जाती हुई साँस के साथ आपको कुछ कहने की आवश्यकता नहीं है सिर्फ भावना रखें कि आपकी जागृति बढ़ रही है।

4. ध्यान के दौरान यह समझ रखें कि 'मैं हूँ। मैं शरीर के साथ जुड़कर अपना अनुभव करना चाहता हूँ। मेरा वास्तविक होना अनुभव है, न कि शरीर। इस जागृति को हर साँस बढ़ा रही है। हर अंदर जाती हुई साँस मेरा दरवाजा खटखटा रही है, मुझे जगा रही है कि बाहर आती हुई साँस के साथ अपने अंदर धन्यवाद कहना है।'

5. ध्यान के दौरान साँस को अपनी स्वाभाविक लय में चलने दें।

   आपकी साँस कभी लंबी होगी तो कभी छोटी। कभी छोटे अंतराल से साँस अंदर-बाहर चलेगी तो कभी कुछ पल रुक जाएगी। हर साँस के साथ जागृति की प्रार्थना अंदर जा रही है, गहराई तक जा रही है। 'मैं जागना चाहता हूँ', यह शुभेच्छा पिरामिड ध्यान में प्रार्थना बन जाती है।

6. अगर आप कुछ साँसों के साथ धन्यवाद देना भूल गए तो फिर से शुरू करें। बीच में भूल जाने के बाद गुस्सा नहीं होना है या

अपराधबोध नहीं लाना है। फिर से हर अंदर जाती साँस के साथ जागृति, होश, शुद्धता और ईश्वर को अंदर लें। जो अंदर है ही, उसे जगाने के लिए साँस को निमित्त बनाएँ। बाहर आती हुई साँस के साथ प्रेमभाव से धन्यवाद कहें।

7. यह महसूस करें कि जागने के बाद कितना आनंद है कि हर निर्णय उसी जागृति से होगा। हर समस्या सुलझाते वक्त भी आपके यही भाव होंगे कि यह समस्या मेरे साथ नहीं है। मेरी जागृति उस समस्या को सुलझाएगी, मगर वह मेरी समस्या नहीं है। मैं सतत अपने केंद्र में हूँ और उसके लिए धन्यवाद। इस बेहतरीन जीवन और जागृति के लिए धन्यवाद।

   ध्यान के दौरान महसूस करें कि जो जागना चाहता है, जो जगा रहा है, जो धन्यवाद दे रहा है और जहाँ पहुँच रहे हैं, ये सब एक हैं।

8. ध्यान के दौरान सहजता से साँस चलती रहे, सहजता से धन्यवाद निकले। इस क्षण आप पर कोई तनाव नहीं है। अगर तनाव होता है तो स्वयं को तेजस्थान पर, अपने जिंदा होने के एहसास, हृदय पर लेकर जाएँ। तनाव आया यानी हेड में, दिमाग में चले गए, नाक से ऊपर चले गए। इस अवस्था में हृदय पर वापस आकर संतुलन प्राप्त करें और फिर से साँस पर ध्यान दें। हर अंदर जानेवाली साँस के साथ होश अंदर जा रहा है, आपको जगा रहा है, यही भावना है। बाहर आती हुई साँस में हलके से धन्यवाद दें।

9. ध्यान के बीच में अगर विचार आएँ तो सहजता से उससे अपना ध्यान हटाएँ और फिर से पिरामिड पर आएँ।

10. इस दौरान अगर लंबी साँस आए तो यह भावना रखें कि चेतना गहराई में अंदर जा रही है। ध्यान में जानबूझकर साँस की कसरत न करें। सहज, स्वभाविक साँस चलने दें। ध्यान में प्राणायाम की

आवश्यकता नहीं है। केवल प्रेयर और ध्यान करें। यह सोच रखें, 'मैं सचमुच जागना चाहता हूँ, इसलिए मेरी प्रार्थना में बल आया है।'

जब आप जागकर जीएँगे, तब स्वत: ही नए विचार शुरू हो जाएँगे। पलभर पहले आपको अहंकार के विचार आ रहे थे और पलभर के बाद ही अपने होने के विचार आते हैं, जो आप हैं, वह बनकर जीने के विचार आते हैं तो आगे आपका जीवन कैसा होगा? जो आप हैं, वह बनकर आप क्रियाएँ कैसे करेंगे? कैसे अभिव्यक्ति करेंगे? अपना वजूद जानने के बाद आपके अंदर ये विचार स्वत: ही शुरू हो जाएँगे।

11. ध्यान के पहले आपके अंदर अहंकार के विचार उठेंगे तो ध्यान पूरा होने के बाद भक्ति के विचार, अभिव्यक्ति के, सेल्फ के विचार, जो आप हैं, वह बनकर जीने के विचार उठेंगे।

ये बातें सोचकर भी इतना आनंद आएगा तो जीकर कितना आएगा। इसलिए जागृति की प्रार्थना महत्त्वपूर्ण है कि 'मैं सचमुच जागना चाहता हूँ।' मनुष्य शरीर बनाया ही इसलिए गया है, ताकि जीवन में कहीं तो वह जाग पाए। आपको मनुष्य जीवन तो मिल गया है अब केवल जागने की देर है, अहंकार के कोमा से बाहर आने की देर है।

12. ध्यान में महसूस करें कि कुदरत आपको हिला रही है, आपसे श्रवण करवा रही है और कृपा की पहचान भी हो रही है। ध्यान के सफर में हर साँस के साथ जागृति बढ़ रही है। हर धन्यवाद के साथ नई संभावना खुल रही है।

13. पिरामिड-ध्यान चलता रहे, क्योंकि साँस चल ही रही है। आपने जितने समय का बज़र सेट किया है, उतने समय के लिए ध्यान

जरूर करें। जितने समय आप यह प्रार्थना करेंगे, उतना समय बेकार नहीं जाएगा। जब जीवन में होश चाहिए, तब प्रार्थना जरूर करें, पिरामिड-ध्यान जरूर करें।

14. हकीकत में आपको स्वयं को रोज जगाना है। हर रोज आपको माया की धूल सुला देती है, मगर आपके पास कोई भी बहाना न बचे। कम-से-कम जब आपको अचेतनता महसूस हो, तब तुरंत पिरामिड-ध्यान करें।

15. ध्यान की समाप्ति से पहले स्वयं से कहें, 'मैं आँखें खोलने के बाद भी यह ध्यान जारी रखनेवाला हूँ। हर चलनेवाली साँस के साथ मेरी जागृति अंदर जाएगी और बाहर आनेवाली साँस के साथ धन्यवाद दिए जाएँगे।' इसी भाव में बज़र बजने के बाद आँखें खोलें।

पिरामिड-ध्यान संकल्प, प्रार्थना, धन्यवाद और ध्यान का बहुत ही सुंदर संयोग है। यह ध्यान आपको कई तरह से मदद करता है। इनमें से तीन मुख्य लाभ इस प्रकार हैं :

1. **सिर से हृदय की यात्रा :**

जीवन में किए हुए कितने संकल्पों को आपने गहराई से, अपने हृदय से महसूस किया है? कई बार इनसान अपने संकल्प सिर्फ सिर तक ही रखता है, उसके संकल्प हृदय में, गहराई में नहीं जाते। पिरामिड-ध्यान के जरिए संकल्प करने के बाद प्रार्थना करने से आप स्वतः ही सिर से हृदय की तरफ जाने लगते हैं और संकल्प को गहराई से महसूस करते हैं। प्रार्थना संकल्प की गहराई महसूस करने और हृदय तक जाने में आपकी मदद करती है।

2. **कार्य पूरा होने से पहले धन्यवाद की भावना :**

आम तौर पर इनसान में कार्य पूरा होने के बाद ईश्वर को धन्यवाद

देने की प्रवृत्ति होती है। पिरामिड-ध्यान आपको कार्य पूरा होने से पहले ईश्वर को धन्यवाद देना सिखाता है। पहले धन्यवाद देने से संबंधित कार्य तीव्र गति से आपकी तरफ आकर्षित होता है और आपके संकल्प जल्द-से-जल्द पूरे होने लगते हैं।

3. **प्रार्थना और संकल्प में साँस का प्रभावी उपयोग :**

पिरामिड-ध्यान में साँस के प्रभावी इस्तेमाल से आप ईश्वर को सतत याद रख पाते हैं। आपकी साँस हमेशा आपके साथ रहती है। साँस लेने से पहले संकल्प, साँस लेते वक्त प्रार्थना और साँस छोड़ते वक्त धन्यवाद देने से पिरामिड-ध्यान बहुत आसान बन जाता है।

पिरामिड-ध्यान सिर्फ एक बार न करें, बल्कि संकल्प पूरा होने तक और बाद में नए संकल्पों के साथ भी करें।

नोट : *ध्यान के बारे में और विस्तार से जानकारी प्राप्त करने तथा ध्यान संबंधित शंकाओं के समाधान के लिए तेजज्ञान फाउंडेशन द्वारा प्रकाशित 'संपूर्ण ध्यान - 222 सवाल' पुस्तक जरूर पढ़ें।*

ध्यान आपके होने की अवस्था है।
जब मन खामोश हो जाता है
और स्वसाक्षी अपने होने में स्थिर होने लगता है
तब उसे सच्चा ध्यान कहते हैं।
मन के गिरने (विलीन होने) के बाद,
स्वसाक्षी अपने सच्चे स्वरूप में प्रकट होता है।
अतः यह समझें कि आपको ध्यान नहीं करना है,
बल्कि आप स्वयं ध्यान हैं, यह जानना है।

यह पुस्तक पढ़ने के बाद अपने अभिप्राय (विचार सेवा) इस पते पर भेज सकते हैं :
Tej Gyan Global Foundation,
Pimpri Colony Post office, P.O. Box 25,
Pune - 411017, Maharashtra (India)

परिशिष्ट

तेजज्ञान फाउंडेशन-परिचय

तेजज्ञान फाउंडेशन आत्मविकास से आत्मसाक्षात्कार प्राप्त करने का एक रास्ता है। इसके लिए सरश्री द्वारा एक अनूठी बोध पद्धति (System for Wisdom) का सृजन हुआ है। इस पद्धति को अंतरराष्ट्रीय मानक ISO9001:2008 के आवश्यकताओं एवं निर्देशों के अनुरूप ढालकर सरल, व्यावहारिक एवं प्रभावी बनाया गया है।

इस संस्था की बोध पद्धति के विभिन्न पहलुओं (शिक्षण, निरीक्षण व गुणवत्ता) को स्वतंत्र गुणवत्ता परीक्षकों (Quality Auditors) द्वारा क्रमबद्ध तरीके से जाँचा गया। जिसके बाद इन पहलुओं को ISO9001:2008 के अनुरूप पाकर इस बोध पद्धति को प्रमाणित किया गया है।

फाउंडेशन का लक्ष्य आपको नकारात्मक विचार से सकारात्मक विचार की ओर बढ़ाना है। सकारात्मक विचार से शुभ विचार, यानी हैप्पी थॉट्स (विधायक आनंदपूर्ण विचार) और शुभ विचार से निर्विचार की ओर बढ़ा जा सकता है। निर्विचार से ही आत्मसाक्षात्कार संभव है। शुभ विचार (Happy Thoughts), यानी यह विचार कि 'मैं हर विचार से मुक्त हो जाऊँ ।' शुभ इच्छा यानी यह इच्छा कि 'मैं हर इच्छा से मुक्त हो जाऊँ ।'

ज्ञान का अर्थ है सामान्य ज्ञान, लेकिन तेजज्ञान यानी वह ज्ञान, जो ज्ञान व अज्ञान के परे है। कई लोग सामान्य ज्ञान की जानकारी को ही ज्ञान समझ लेते हैं, लेकिन असली ज्ञान और जानकारी में बहुत अंतर है। आज लोग सामान्य ज्ञान के जवाबों को ज्यादा महत्त्व देते हैं। उदाहरण के तौर पर, कर्म और भाग्य, योग और प्राणायाम, स्वर्ग और नर्क इत्यादि। आज के युग में सामान्य ज्ञान प्रदान करनेवाले

लोग और शिक्षक कई मिल जाएँगे, मगर इस ज्ञान को पाकर जीवन में कोई बड़ा परिवर्तन नहीं होता। यह ज्ञान या तो केवल बुद्धि-विलास है या फिर अध्यात्म के नाम पर बुद्धि का व्यायाम है।

सभी समस्याओं का समाधान है—तेजज्ञान। भय से मुक्ति, चिंतारहित व क्रोध से आजाद जीवन है—तेजज्ञान। शारीरिक, मानसिक, सामाजिक, आर्थिक और आध्यात्मिक उन्नति के लिए है—तेजज्ञान। तेजज्ञान आपके अंदर है, आएँ और इसे पाएँ।

यदि आप ऐसा ज्ञान चाहते हैं, जो सामान्य ज्ञान के परे हो, जो हर समस्या का समाधान हो, जो सभी मान्यताओं से आपको मुक्त करे, जो आपको ईश्वर का साक्षात्कार कराए, जो आपको सत्य पर स्थापित करे तो समय आ गया है तेजज्ञान को जानने का। समय आ गया है शब्दोंवाले सामान्य ज्ञान से उठकर तेजज्ञान का अनुभव करने का।

अब तक अध्यात्म के अनेक मार्ग बताए गए हैं, जैसे—जप, तप, मंत्र, तंत्र, कर्म, भाग्य, ध्यान, ज्ञान, योग और भक्ति आदि। इन मार्गों के अंत में जो समझ, जो बोध प्राप्त होता है, वह एक ही है। सत्य के हर खोजी को अंत में एक ही समझ मिलती है और इस समझ को सुनकर भी प्राप्त किया जा सकता है। उसी समझ को सुनना यानी तेजज्ञान प्राप्त करना है। तेजज्ञान के श्रवण से सत्य का साक्षात्कार होता है, ईश्वर का अनुभव होता है। यही तेजज्ञान सरश्री महाआसमानी शिविर में प्रदान करते हैं।

महाआसमानी शिविर (निवासी)

क्या आपको उच्चतम आनंद पाने की इच्छा है ? ऐसा आनंद, जो किसी कारण पर निर्भर नहीं है, जिसमें समय के साथ केवल बढ़ोतरी ही होती है। क्या आप इसी जीवन में प्रेम, विश्वास, शांति, समृद्धि और परम संतुष्टि पाना चाहते हैं ? क्या आप शारीरिक, मानसिक, सामाजिक, आर्थिक और आध्यात्मिक इन सभी स्तरों पर सफलता हासिल करना चाहते हैं ? क्या आप 'मैं कौन हूँ' इस सवाल का जवाब अनुभव से जानना चाहते हैं।

यदि आपके अंदर इन सवालों के जवाब जानने की और 'अंतिम सत्य' प्राप्त करने की प्यास जगी है तो तेजज्ञान फाउंडेशन द्वारा आयोजित 'महाआसमानी शिविर' में आपका स्वागत है। यह शिविर पूर्णतः सरश्री की शिक्षाओं पर आधारित है।

सरश्री आज के युग के आध्यात्मिक गुरु और 'तेजज्ञान फाउंडेशन' के संस्थापक हैं, जो अत्यंत सरलता से आज की लोकभाषा में आध्यात्मिक समझ प्रदान करते हैं।

महाआसमानी शिविर का उद्देश्य

इस शिविर का उद्देश्य है, 'विश्व का हर इनसान 'मैं कौन हूँ' इस सवाल का जवाब जानकर सर्वोच्च आनंद में स्थापित हो जाए।' उसे ऐसा ज्ञान मिले, जिससे वह हर पल वर्तमान में जीने की कला प्राप्त करे। भूतकाल का बोझ और भविष्य की चिंता इन दोनों से वह मुक्त हो जाए। हर इनसान के जीवन में स्थायी खुशी, सही समझ और समस्याओं को विलीन करने की कला आ जाए। मनुष्य जीवन का उद्देश्य पूर्ण हो।

'मैं कौन हूँ? मैं यहाँ क्यों हूँ? मोक्ष का अर्थ क्या है? क्या इसी जन्म में मोक्ष प्राप्ति संभव है?' यदि ये सवाल आपके अंदर हैं तो महाआसमानी शिविर इसका जवाब है।

महाआसमानी शिविर के मुख्य लाभ

इस शिविर के लाभ तो अनगिनत हैं, मगर कुछ मुख्य लाभ इस प्रकार हैं—

- जीवन में दमदार लक्ष्य प्राप्त होता है।
- 'मैं कौन हूँ' यह अनुभव से जानना (सेल्फ रियलाइजेशन) होता है।
- मन के सभी विकार विलीन होते हैं।
- भय, चिंता, क्रोध, बोरडम, मोह, तनाव जैसी कई नकारात्मक बातों से मुक्ति मिलती है।
- प्रेम, आनंद, मौन, समृद्धि, संतुष्टि, विश्वास जैसे कई दिव्य गुणों से युक्ति होती है।
- सीधा, सरल और शक्तिशाली जीवन प्राप्त होता है।
- हर समस्या का समाधान प्राप्त करने की कला मिलती है।
- 'हर पल वर्तमान में जीना' यह आपका स्वभाव बन जाता है।
- आपके अंदर छिपी सभी संभावनाएँ खुल जाती हैं।
- इसी जीवन में मोक्ष (मुक्ति) प्राप्त होता है।

महाआसमानी शिविर में भाग कैसे लें?

इस शिविर में भाग लेने के लिए आपको कुछ खास माँगें पूरी करनी होती हैं; जैसे—

(1) आपकी उम्र कम से कम अठारह साल या उससे ऊपर होनी चाहिए।

(2) आपको सत्य स्थापना शिविर (फाउंडेशन ट्रुथ रिट्रीट) में भाग लेना होगा, जहाँ आप सीखेंगे—वर्तमान के हर पल को कैसे जीया जाए और निर्विचार दशा में कैसे प्रवेश पाएँ।

(3) आपको कुछ प्राथमिक प्रवचनों में उपस्थित होना है, जहाँ आप बुनियादी समझ आत्मसात् कर महाआसमानी शिविर के लिए तैयार होते हैं।

यह शिविर साल में तीन या चार बार आयोजित होता है, जिसका लाभ हजारों खोजी उठाते हैं। इस शिविर की तैयारी आगे दिए गए स्थानों पर कराई जाती है। पुणे, मुंबई, दिल्ली, सांगली, सातारा, जलगाँव, अहमदाबाद, कोल्हापुर, नासिक, अहमदनगर, औरंगाबाद, सूरत, बरोडा, नागपुर, भोपाल, रायपूर, चेन्नई, वर्धा, अमरावती, चंद्रपुर, यवतमाल, रत्नागिरी, लातूर, बीड, नांदेड, परभणी, पनवेल, ठाणे, सोलापुर, पंढरपुर, अकोला, बुलढाणा, धुले, भुसावल, बैंगलोर, बेलगाम, धारवाड, भुवनेश्वर, कोलकाता, राँची, लखनऊ, कानपुर, चंडीगढ़, जयपुर, पणजी, म्हापसा, इंदौर, इटारसी, हरदा, विदिशा, बुरहानपुर।

आप महाआसमानी की तैयारी फाउंडेशन में उपलब्ध सरश्री द्वारा रचित पुस्तकों, सी.डी. और कैसेट्स सुनकर कर सकते हैं। इसके अलावा आप टी.वी., रेडियो और यू-ट्यूब पर सरश्री के प्रवचनों का लाभ ले सकते हैं; मगर याद रहे, ये पुस्तकें, कैसेट, टी.वी., रेडियो और यू-ट्यूब के प्रवचन शिविर का परिचय मात्र हैं, तेजज्ञान नहीं। आप महाआसमानी शिविर में भाग लेकर ही तेजज्ञान का आनंद ले सकते हैं। आगामी महाआसमानी शिविर में अपना स्थान आरक्षित करने के लिए संपर्क करें—09921008060/75, 9011013208

महाआसमानी शिविर स्थान

यह शिविर पुणे में स्थित मनन आश्रम पर आयोजित किया जाता है। इस शिविर के लिए भोजन और रहने की व्यवस्था की जाती है। यदि आपको कोई शारीरिक बीमारी है और आप नियमित रूप से दवाई ले रहे हैं तो कृपया अपनी दवाइयाँ साथ में लेकर आएँ । वातावरण अनुसार गरम कपड़ें, स्वेटर, कंबल आदि भी लाएँ।

'मनन आश्रम' पुणे शहर के बाहरी क्षेत्र में पहाड़ों और निसर्ग के असीम सौंदर्य के बीच बसा हुआ है। इस आश्रम में पुरुषों और महिलाओं के लिए अलग-अलग, कुल मिलाकर 700 से 800 लोगों के रहने की व्यवस्था है। यह आश्रम पुणे शहर से 17 किलोमीटर की दूरी पर है। हवाई अड्डा, हाइवे और रेलवे से पुणे आसानी से आ-जा सकते हैं।

मनन आश्रम : मनन आश्रम, पुणे, सर्वे नं. 43, सनस नगर, नांदोशी गाँव,
किरकट वाडी फाटा, तहसील-हवेली, जिला : पुणे-411024,
फोन : 09921008060

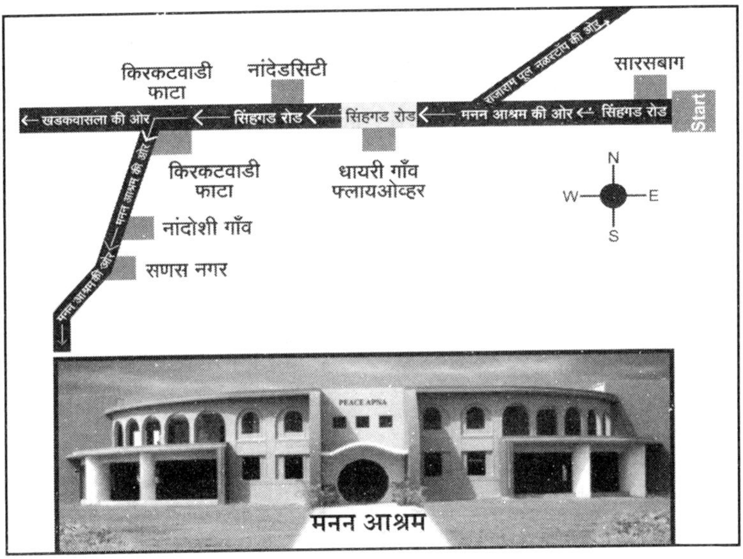

पुस्तकें प्राप्त करने के लिए नीचे दिए गए पते पर मनीऑर्डर द्वारा पुस्तक का मूल्य भेज सकते हैं। पुस्तकें रजिस्टर्ड, कुरियर अथवा वी.पी.पी. द्वारा भेजी जाती हैं। पुस्तकों के लिए नीचे दिए गए पते पर संपर्क करें :

- WOW Publishings Pvt. Ltd. रजिस्टर्ड ऑफिस-ए-4, वैभव नगर, तपोवन मंदिर के नजदीक, पिंपरी, पुणे-411017
- पोस्ट बॉक्स नं. 36, पिंपरी कॉलोनी पोस्ट ऑफिस, पिंपरी, पुणे-411017

फोन नं. : 09011013210 / 9623457873

आप ऑन-लाइन शॉपिंग द्वारा भी पुस्तकों का ऑर्डर दे सकते हैं।

लॉग इन करें : www.gethappythoughts.org

300 रुपयों से अधिक पुस्तकें मँगवाने पर डाक-व्यय के साथ 10 प्रतिशत की छूट।

अब एक क्लिक पर ही शिविर का रजिस्ट्रेशन!

तेजज्ञान फाउंडेशन की इन शिविरों के लिए
अब आप ऑन-लाइन रजिस्ट्रेशन भी कर सकते हैं—

- महाआसमानी महानिवासी शिविर (पाँच दिवसीय निवासी शिविर)
- मैजिक ऑफ अवेकनिंग (केवल अंग्रेजी भाषा जाननेवालों के लिए तीन दिवसीय निवासी शिविर)
- मिनी महाआसमानी (निवासी) शिविर, युवाओं के लिए

रजिस्ट्रेशन के लिए आज ही लॉग इन करें

www.tejgyan.org

बेस्ट सेलर पुस्तक 'विचार नियम' शृंखला के रचनाकार
सरश्री द्वारा सत्य संदेश का लाभ लें।

संस्कार चैनल

सोमवार से शनिवार शाम 6:30 से 6:50
और रविवार शाम 8:10 से 8:30

www.youtube.com/tejgyan
पर भी सरश्री के प्रवचनों का लाभ ले सकते हैं।

For online shoping visit us www.tejgyan.org, www.gethappythoughts.org

हर मंगलवार, शुक्रवार, शनिवार, रविवार सुबह 9.15 रेडियो विविध भारती,
एफ. एम. पुणे पर 'तेजविकास मंत्र'

हर शनिवार सुबह 8.55 रेडियो एम.डब्ल्यू. पुणे,
तेजज्ञान इनर पीस ऐंड ब्यूटी कार्यक्रम

नोट : *उपरोक्त कार्यक्रमों के समय बदल सकते हैं, इसलिए समय की पुष्टि करें।*